SÁNATE Y DESPIERTA TU PASIÓN, TU DICHA

PRÓLOGO

Queridos hermanos os presento un libro mágico, si mágico porque contiene experiencias que durante todo un año he ido día a día practicando, con la fe puesta en que al cabo de todo un año los frutos de todas estas respiraciones y conexiones con el Creador me llevasen a algo que yo por propia experiencia pudiese compartir con fiabilidad con todos vosotros/as y así es, doy fe de que la magia cuántica me acompañó durante todo este año para que ahora pueda compartir en este prólogo, que lo he conseguido. Los frutos son que mi cuerpo se ha sanado prácticamente el 90 % y la dicha interna el 100 % mi cuerpo está atlético y fuerte, lleno de paz y abundancia en todo mi conglomerado celular y conciencia. **Feliz Viaje.**

Compartiros que para que todos y todas las personas que leáis este libro, para que nadie se sienta menos, he puesto unas veces, vosotras y otras veces vosotros, refiriéndome al masculino y femenino..Gracias.

Agradecimientos

Agradezco a mis padres que sin ellos no hubiera podido llegar hasta aquí, estoy segura que en este libro me han ayudado desde otro plano, porque ellos ya no están aquí físicos. También agradezco a Violeta Martínez por su eficaz ojo maravilloso al corregir mis errores ortográficos. Agradezco a todos los seres de luz que me han soplado al oído toda la información y la sanación que aquí comparto. Gracias a todos.

Primer capítulo.

Presentación sobre los seres de luz que nos ayudan.

Estos ejercicios están dedicados para sanar el cuerpo físico, la mente y el espíritu, con la ayuda de nuestros Maestros y demás seres de Luz.

Mi camino, prosigue día a día, en conexión con todos estos grandes seres. Ellos como ya sabéis están ahí solícitos, amorosos y esperando que cada uno de nosotros, entablemos conexión amorosa, desde el corazón con el corazón de ellos. Ellos lo Maestros, en unión con seres de otros planetas, celebran con mucha alegría que los seres de esta dimensión, estemos atentos con nuestra conciencia, a que Ellos están ahí para ayudarnos en nuestra evolución. Sin lugar a dudas, cada día más seres ya estamos consientes, de que no estamos solos en esta infinita galaxia, pues hay vida en muchos planetas y muchos de estos seres están cercanos para poder ayudarnos.

Siempre y cuando nosotros pidamos ser ayudados.

El plan que Ellos idearon fue que tenían que bajar a una dimensión más cercana, para que la raza humana tuviésemos la oportunidad de poder recibir su ayuda. Sin lugar a dudas a casi todas las personas, nos da miedo, o nos impone desconfianza lo que no nos resulta conocido. Sin embargo todo lo que nos es conocido no por ello tiene que ser malo o peligroso, por qué a quién no le ha sucedido, que conoces a personas que dan una muy buena imagen y luego, al cabo del tiempo la máscara se cae y vemos con ojos de asombro como estas personas, pueden hacer las cosas que hacen y sin embargo lo hacen y viven en este planeta tierra.

Así que no todo lo que reluce aquí en la tierra es oro ni tampoco en medio cosmos. Por que sin duda también existen los oscuros, los que no colaboran en nuestra ayuda y en nuestro bienestar. A estos, seres en este libro no les vamos a dar mucha vida, este libro tiene el propósito de que, la luz y el amor sea lo que guíe nuestras vidas, en nuestro camino hacia la Luz en todo nuestro sistema y nuestro corazón solar. La intención está puesta en lo que nos acerca a sentir y escuchar el ser que somos.

Siempre con mucha ayuda.

Segundo capítulo.

Vivir el cielo en la tierra, sanando creencias.

Seguimos pues, buscando siempre dentro de nosotros nuestra elevación y poder ver cada día con más claridad, como podemos desarrollar nuestra misión.

Sanarnos forma parte de nuestra misión.

En mi experiencia como sanadora observo que mucha gente, que acude a mi consulta tiene la inquietud por saber cuál es su misión en esta vida.

A mi modo de ver y porque también pasé por ello, ésta es una inquietud importante y que casi todos creemos que la misión la tenemos fuera, pensamos que algo importante tenemos que hacer, siempre en función de que todo lo de afuera esté bien, para que así no suframos. El camino para conseguir una estabilidad no es mirar tanto lo de afuera, sino que en nuestro interior están todas las preguntas y todas la respuestas.

Siento que la misión más importante en nuestra vida es saber quienes somos. Conocernos realmente.

Cada vez que vienen a mi memoria mis recuerdos, estos recuerdos de un ser que con una capacidad de crear todo lo que quisiera, igual que todos los hijos de este planeta tierra y sin embargo no sabía como gestionar mi vida, por la sencilla razón de que no sabía quién era. Simplemente era una creación de unos pensamientos que venían de otras personas, solo que ¿Y mi esencia donde estaba?

Esta capacidad la tenemos todas, sencillamente vivimos limitados dentro de un cuerpo físico que simplemente conoce reglas y estructuras, sin saber ni por asomo que somos seres multidimensionales, con unas capacidades asombrosas de conexiones infinitas, con poderes sobrenaturales que descubriremos a medida que despertamos al amor y luz ilimitados. No obstante primer requisito, amar y conocernos en el auténtico amor que todos somos.

Cuando aún no tenía conocimiento sobre mi misma, todo me parecía absolutamente grande e incierto, mis miedos eran gigantes. Mis penas eran abismos, mis limitaciones tan grandes como el mismo cosmos, sin embargo, en un momento de mi vida decido dar un paso hacía mi abismo. Después de ese paso vino otro y otro, así sucesivamente y con cada abismo superado más me iba acercando a mi sabiduría interna, a mi ser auténtico. Y queridos hermanos está siendo tan grande la recompensa que ni yo misma a veces doy crédito, sin embargo hay tanto poder y tanta luz en todo ello, que yo misma me asombro cada día llena de dicha.

Todo en mi interior se ha acrecentado noventa por

cien desde que empecé la práctica de mis ejercicios para compartir en este libro tanto para beneficio mío como de todos mis hermanos y este anhelo era algo muy interno, que llevaba mucho tiempo esperando la señal para comenzar, solo que hasta que me llegó, antes no tenía idea de como hacerlo. Mis capacidades se acrecentaron, mi amor y compasión navegan sin límites, mis sensaciones las siento con una inmensa capacidad de observación con lo cual viajo llena de dicha y de luz, sin tiempo ni espacio. Creo que a este estado se le llama vivir el cielo en la tierra.

Cuando era pequeña pensaba que en mi cabeza había algo diferente, ahora me doy cuenta que no se si la genialidad está en la cabeza o en el corazón o simplemente todo llega de la fuente infinita de nuestro creador/a. Con detenimiento observaba lo que ocurría a mi alrededor, veía como las personas te tratan, ahora puedo darme cuenta que en mi corazón nunca cabían esas formas tan bruscas y la intención de las personas que no aceptan la inocencia. Eso no es fácil de vivir cuando aun eres pequeña y menos cuando te sientes cuidadora y eso era lo que yo hacía desde bien pequeña.

Eso todo para mi significaba una lucha, ¿Realmente quién era yo? no me resultaba fácil discernir, ahora entiendo que la oscuridad siempre busca derrotar a la luz y todas esas fisuras provenientes de las carencias afectivas, son por las cuales entra toda esa oscuridad y te hacen creer que eres una persona limitada, que incluso no vales para mucho, o que no eres muy lista. Todo este sistema de creencias, sufrimiento, falta de fe, falta de luz, es lo que sin lugar a dudas mueve la parte oscura. Todos los seres tenemos cosas muy buenas, todos tenemos oportunidades para salir a la luz, todos podemos llegar a donde queramos, la luz del Padre Madre Creador, siempre nos espera, de hecho nunca se va, solo que dejamos de prestarle atención y de ahí que ocurre lo que ocurre, nos perdemos en un laberinto. Mientras no regresamos a ese abrazo infinito de ternura y amor que somos, estamos vagando sin saber que todo está dentro de nosotros.

Me pregunto muchas veces por qué, muchas, muchísimas personas que tienen las herramientas para salir del caos, del engaño al que están sometidos y sin embargo, día tras día están enganchadas a la maquina del dolor, a la manipulación del ego. Sencillamente pienso, que un milagro tiene que suceder para que la gente salga de esa adición. Siento si no habrá una varita mágica con la cual espolvorear polvos de colores y que ese inframundo, del cual les cuesta tanto salir, se disipe sin más y que por fin la humanidad vea la película que se tienen montada y por la cual sufren.

Y siempre habrá una oportunidad, yo la he tenido

Mi corazón siempre atento, mi conciencia siempre atenta a escuchar a sentir a que esta luz infinita que somos se convierta en un sol radiante y hacia eso vamos. **A brillar.**

Tenemos que proponernos dejar de controlar para fundirnos en esta luz que tanta fuerza nos da y al mismo tiempo una inmensa claridad pues nada más y nada menos brillar como el sol es lo máximo.

Tercer Capítulo.

Bulla Mental.

¿Por qué nos cuesta cambiar?

El ir contra corriente, querer tener razón y no saber

escuchar a nuestro sabio/a, es lo que en parte nos nubla y si añadimos que los juicios sin amor, los reproches sin conciencia rompen toda calidez humana, si pudiésemos ver con total claridad como afectan los juicios y los reproches a nuestros órganos, rápidamente cambiaríamos toda esa bulla mental, para construir unos pilares nuevos a través de los cuales nos sanaríamos, creando pues una atmósfera magnética por todo el planeta.

Muchas personas quieren cambiar y luchan por cambiar, sin cambiar nada de como viven, es curioso como estamos atados a los viejos roles, simplemente la fijeza de, ni tan siquiera dar un cambio en los alimentos cosa accesible y fácil, pues este hecho es sobre algo que solo tenemos que comprar y cocinar.

Así como nos nutrimos podemos nutrir

Diferente cuestión es cuando el cambio lo tenemos que dar en nuestro comportamiento o en problemas de salud, u otro cambio cualquiera, es curioso todo lo que se refiere a cambiar es como que estamos cometiendo un pecado, con eso hay siempre mucho reproche, poca gente acepta que uno cambie y luego lo que más pretendemos es que los demás cambien. Sumergidos en la queja, en el reproche, en los juicios, en el desamor, todo ello tapa lo que de verdad somos, si estamos tan pendientes de todas esas calamidades como podremos ver el manantial de luz que somos y como podremos vivir y dirigirnos hacia eso que tanto deseamos y que continuamente tapamos. Simplemente es que no vivimos, están más libres los corderos pastando en una loma que lo que está la humanidad, los corderos seguramente serán para sacrificarse, la humanidad que no sabe vivir se está sacrificando a cada momento, viviendo una vida de sacrificio para tener más cosas, ¿Y qué cosas?.

Si no sabemos vivir no sabremos morir.

En este vivir sin vivir no queda espacio para escucharnos, ver y observar quiénes somos y sanar todas esas dependencias que tanto sufrimiento nos ocasionan . Muchas personas se estancan aun sabiendo que funcionan como robots, que sus vidas se apaga y en este apagarse echan la culpa al sistema a lo que hay afuera, a cómo los han enseñado o que no han sido queridos y atendidos, esto es el día a día, así somos y actuamos en esta rueda humana, que nos cuesta tomar responsabilidad de nuestros actos, para transformarlos en amor, en cuidados a uno mismo y esto porque todas las quejas, reproches y demás son agresiones a uno mismo.

Ya es momento de sanarnos y que el amor sea contagiado.

Buscar y recordar el amor dentro de uno, tendría que ser el mayor objetivo, por lo menos el de todas estas personas que están conscientes de que la vida se les va, sin más. La oscuridad juega su papel, ver el abismo es importante, para querer con todas las fuerzas salir de él, la meditación, la naturaleza, son muy necesarias para que la luz se nos mantenga.

Capítulo Cuarto.

Después de la noche oscura, asoma la luz.

La magia está en tomar tiempo para ver, sentir, percibir, oler, saborear, llenarnos de caricias a nosotros mismos, abrazándonos cada día por lo menos por unos momentos.

Eso se llama comenzar la magia.

Cuando nos levantamos es el mejor momento para

mimar nuestro cuerpo si queremos que este se rejuvenezca así tenemos que nutrirlo, nuestro precioso y maravilloso cuerpo, vuelvo a recalcar es muy importante que le prestemos atención.

Cada vez que lo escuchamos nos estamos sanando. Escuchar es igual a mimar.

Si cada día nos damos un poco de tiempo para mimarnos, todo se irá transformando, la inquietud nace de no dedicar tiempo a nuestra alma, pues el sosiego la alimenta y la fe absoluta en lo que anhelamos sin poner ego en los resultados, eso también la alimenta, hay que dejar que la vida nos sorprenda y esto lo aprendemos a base de mucho repetir. Los ejercicios que os comparto os llevaran a ese espacio de quietud y de desapego.

A veces me pongo a pensar que nunca, en mi vida pensé o creí llegar a donde estoy hoy. Que motor hubo en mi vida, en mi ser, para que hoy pueda compartir todo este sentimiento de plenitud, de estar llena de dicha, llena en la fe, de que todo lo que es, es perfecto, ni más ni menos, la seguridad en el proceso de la vida y que esta tiene mucho para ofrecer. Sin lugar a dudas, mi trabajo, mi deseo, mi ahínco, mi fuerza, por mantenerme perenne en la luz. A pesar, o sin pesar, a que viví tanta oscuridad que por veces creía que me iría a través de ese dolor, de esa noche oscura del alma, sin embargo cada tormenta de oscuridad, traía a mi corazón más amor, arropada siempre por mis maestros, mis guías, mis ángeles y que protegida como una niña de cuatro años que se veía perdida en medio de la nada y que sin embargo ya no estaba sola, como cuando era pequeña, pues ahí me sentía muy lejos de mi hogar. Los Maestros me recogieron y de nuevo me mostraron el camino de vuelta a casa, al hogar donde mora mi alma y a la luz de mi espíritu.

Fueron años de mucha atención, de mucho amarme y amar las situaciones que cada día se me presentaban, hoy puedo afirmar desde mi ser que todo lo que deseemos con fe y mucho amor lo conseguimos. Nunca hay que abandonar por muy oscuro que se sienta, detrás de esta percepción está la belleza adquirida durante el proceso, la magia de conocerse a uno mismo, es el mayor regalo que podamos recibir, después de las desoladoras batallas.

No hay que tener miedo a las pruebas, a dar pasos,

simplemente hay que ser valientes y preguntar, ¿Qué es lo que tengo que aprender aquí? Ser rey en medio de la jungla no es tarea fácil sin embargo, un rey que sepa hacer las tareas con mucho amor recibirá su recompensa, el reino espiritual siempre está atento a nosotros, en gran manera somos nosotros quienes olvidamos que están ahí, o aquí, pues están todo lo cerca que nosotros queramos y deseemos.

Vuelvo a compartir que de verdad existe el reino de Dios en la tierra. Para acceder a este reino no es necesario cavar cuarenta mil hectáreas de tierra ni hacer grandes barbaridades pues en ello hay un desperdicio de energía, tanto para el que quiere hacer mucho, como para el que no tiene voluntad de acción, sencillamente hay que estar atentos al camino.

Atentos al dolor del cuerpo y a la belleza del alma.

Hoy recibí en mi consulta a una preciosa chica, su nombre Mir.. habla-vamos sobre los retos del camino y ella me expresaba el desamor que sentía a veces hacia sus abuelos y que ella estaba siendo consciente que eso lo quería cambiar, aquí está latente el pasado, en como nos dañaron ciertas formas de tratarnos y como eso sigue marcando nuestra actitud hacia los seres que queremos y al mismo tiempo aborrecemos y no se trata de que los abuelos de Mir… lo hubiesen hecho mal, simplemente que ella era una niña y no sabía defenderse de las exigencias de sus abuelos, con lo cual sigue cargando con ello, hasta que ella ame de verdad, y limpiando esos pensamientos pueda darse cuenta, que no es tanto lo que le ha pasado si no como ella lo ha vivido. Esos recuerdos que aún siguen separándola de todo el amor que ella es y de todo el amor que representan sus abuelos para ella. Muy sencillamente, llenar los espacios vacíos, esos espacios que están ocupados con recuerdos infelices. Tenemos que crecer, abrazándonos apapachandonos a nosotros mismos, para poder aceptar lo que hemos vivido y reconocer que todo forma parte de nuestra evolución, cultivando el sentimiento de amor y al mismo tiempo haciendo que se haga real, lo que de verdad deseamos.

Esta anécdota nos viene a contar que sanamos nuestra alma cuando somos conscientes de lo que nos separa de ser auténticos. El pasado es historia y ahora mismo tenemos la oportunidad de amar todo aquello que nos entorpece en nuestro corazón, mientras tanto no hagamos eso, no somos libres. Sencillamente mientras no llenemos nuestro cántaro, no podremos vivir el cielo en la tierra.

Capítulo Quinto.

La Decisión De Vivir en Paz.

En mi camino y viviendo mi historia personal experimenté en mi ser unas cuantas veces la muerte del ego, desde hace dieciséis años, mi vida tomó un giro importante, todo lo que me sostenía, todo lo que daba seguridad a mi ego, todo en absoluto se quedó atrás, llegando a vivir desde ese momento situaciones muy dolorosas, solo que estás me han traído hasta aquí a este momento.

Pasamos por este planeta para aprender a amarnos esta palabra lo dice todo, amar, sanar, iluminar a todo y todos por igual. Mientras defendamos nuestros juicios, mientras nos excusemos en nuestros arrebatos, no habrá una sanación, pues en esta corriente de energía aún no estamos aceptando que tenemos un ego que nos habla y que es muy necesario escuchar. Abrir la compuerta crecer en amor es lo que realmente necesitamos y eso no depende de nadie solo de nosotros mismos. Un corazón en PAZ es la dicha absoluta.

Las batallas más cruentas se desarrollan dentro de uno mismo, tirando por el suelo toda teoría sobre el amor. El amor no es una teoría, el amor es una práctica consciente diaria de querer amar, de querer sanar, de querer pensar bien, hacia nosotros y hacia los demás, para ello necesitamos consciencia, estar atentos a nuestros pensamientos y a lo que sentimos a través de ellos. Hace pocos días, vino a mi consulta un hombre, antes de la sesión me decía que en estos momentos de su vida no sentía ilusión por nada, a lo que le digo, tantas cosas buenas que tienes en tu vida y me dices que nada te ilusiona, pues te digo que a veces la comodidad en lo que conocemos, nos hace olvidar, que la vida día a día puede tener sorpresas muy agradables, sencillamente si lo que estamos haciendo o viviendo no funciona hay que cambiar alguna actitud y salir al ruedo para ver el panorama que tenemos delante, si éste no nos llena entonces me preguntaré a mi mismo que es lo que tengo que llenar dentro de mí, por qué tengo este sentimiento de desilusión, de desánimo y me voy a preguntar como puedo llenar este espacio vacío de mi alma. Y me preguntaré una y mil veces si hace falta que pasos me está pidiendo dar mi alma ahora mismo que no estoy dando. Lo más seguro es que esto esté sucediendo por un miedo a caminar hacía algo que anhela el alma y el corazón y por una parte es desapegarnos de lo que nos está haciendo sufrir y al final después de toda la lucha siempre llegaremos a la misma conclusión, cuando podamos amar no habrá sufrimiento y cuando ya no quede sufrimiento todos estos espacios ocupados por el dolor se irán llenando de luz de paz y así se va transformando este cuerpo físico que es, el que nos prepara y nos lleva hacia nuestra ascensión. Digo el cuerpo físico porque a través de él es como vamos a reparar nuestros otros cuerpos.

Y todo formará completa unión con el Sol.

Es bien cierto que, esta vida en este planeta requiere que seamos muy valientes, las memorias del pasado, los anhelos y miedos al futuro nos impiden ver con claridad todo este manantial de amor y de luz que nos lleva de nuevo a vivir con un sentimiento profundo la ilusión por ser mejores personas cada día. Nuestro cuerpo cada día nos viene a recordar que estamos desconectados del amor, porque el amor en sí mismo es muy valiente. Si pongo mi intención de nuevo en vivir desde mi corazón, èste de nuevo se abrirá como una bella flor y esta flor irradiará el más bello perfume, simplemente necesitamos tener la valentía de permitir amar con intensidad y dejarnos amar del mismo modo. Sin práctica, sin confianza, sin fe, no es posible cruzar al otro lado, este lado lleno de magia y de vida, esta vida que casi todo ser humano sueña con vivir, de ese modo daremos rienda suelta a que nuestros deseos de vivir el amor más bello se cumplan, de esta manera la ilusión sin límites vuelve a llenar de gozo y de Paz nuestro corazón. Poco a poco en esta práctica vamos embarcandonos a experimentar el gozo de divinidad a través de todo nuestro aliento, llenando toda nuestra conciencia con una memoria nueva de sanación y rejuvenecimiento, estableciéndose el orden de nuevo en la unidad de todo el sistema celular. **Me refiero al amor incondicional.**

 Un lenguaje nuevo será el motor para vivir con un nuevo sentido la vida.

La visión de la luz celular se va mostrando.

Por otro lado vamos a recordar la función de nuestro cerebro, estos hemisferios cerebrales que por miedos, traumas, espejismos, dejar que otros manipulen nuestra luz y que con todas estas sombras no estemos dejando que entre la luz, esta luz que sin duda puede iluminar este rincón oscuro, que tanto miedo nos da entrar en él y que nos va a empoderar en nuestra valentía, en nuestra intuición. En eso que sabemos a ciencia cierta que existe dentro de nosotros, sin embargo dejamos que lo oscuro a veces se salga con la suya, y ya es momento de que nos emponderemos en este regalo tan grande que nos da nuestra sabiduría innata y la intuición.

Es importante que de vez en cuando hagamos balance, sobre la confianza en nosotros mismos.

Capítulo sexto.

El Arte De Rejuvenecer, Desde Lo Innato.

Lo innato es este potencial único y especial al que sólo nosotros podemos acceder y que nos hace únicos, lo innato es la unión entre lo tangible y lo intangible, esta perspicacia que nos lleva a vivir en la magia con simplicidad, el innato es como el alma siempre está atento a que visionemos de nuevo el asombro para que podamos dar rienda suelta al juego que llevamos dentro. Lo espontáneo, la pureza, creer en nosotros mismos y poner toda nuestra luz en mantener la certeza de que los milagros se dan a cada momento. Volver a ser niños en pureza y en la innata sabiduría de los códigos de nuestro ADN, nos irán revelando el arte de rejuvenecer. Mientras que el niño no aprende a tener miedo vive en la grandeza cuántica, todo es perfecto dentro y fuera. Una vez instalados los miedos se rompe la memoria cuántica y todo el lenguaje corporal, celular, mental, se ve afectado por tal desunión, por tal rotura, ahora con una conciencia adulta y un corazón de niño volvemos de nuevo a crear desde esta conciencia multidimensional cuántica, lo innato, la belleza y el abandono en la relajación total y plena como lo está el bebé cuando siente pegado a su corazón el corazón de su madre. Volver a respirar, es volver a nacer.

Pues queridos hermanos, todos estos ejercicios que os compartiré al final del libro son para que tomemos las riendas de nuestra sanación, de nuestro rejuvenecimiento a cualquier edad, esto si que es bonito de verdad, la libertad plena en el ser humano está en conocerse a sí mismo, en ser consciente de todos los poderes naturales de los cuales somos poseedores por derecho divino y esto lo sabemos todas. La valentía de osar y descubrir todo un potencial humano que está encerrado entre rejas. Cuando por amor y con amor nos atrevemos a indagar qué hay ahí adentro, comprobaremos que esta parte oscura, es nuestro miedo a vivir una vida plena, mientras nuestra actitud y nuestra mente estén enfocadas en vivir lo que conocemos, casi nada cambia, el amor y la luz son los que nos van a guiar por estos vericuetos de oscuridad, señalándonos que mientras tan explayados estemos con salvar el mundo, no estamos interiorizando para salvarnos a nosotros y con ello despertar esta parte del cerebro que por sí sola tiene que brillar, cuando nos permitimos ser valientes en un corazón de niño.

Ojo la desilusión sobre la vida, mata toda la alegría

del alma y nubla el espíritu.

Capítulo Séptimo.

El Cambio está en nuestras decisiones.

Experimentemos pues renacer cada día con una ilusión renovada, permitiendo que los milagros sucedan en el día a día. Ya de por sí, es un milagro creer en nosotros, en nuestra magia.

 Después de un largo tiempo de estar rodeada de gente, abierta receptiva y llena de encanto y de magia, hice un viaje organizado a un país vecino, en este viaje íbamos varias personas conocidas. Más o menos todo estupendo, un viaje de descanso siempre nos muestra otro colorido de la vida y enriquece nuestra alma. Desde el primer día de nuestro viaje podíamos observar, que lo que más entorpecía a la gente del viaje eran las quejas, principalmente, sobre la comida, pudimos observar por nuestra parte que lo que para nosotros sobraba, para la mayoría de las personas faltaba, se puede decir con precisión que el viaje según nosotros observábamos, estaba basado para esta gente, en atiborrarse de comida.

Lo cual acarreaba malos humores, mucha crítica y de malos modales. Reflexión, según en lo que nos centramos así es la energía que tendremos y también lo que atraemos como experiencia. Espero de corazón que esto no sirva de crítica sino de reflexión sobre nuestro comportamiento, la cuestión a primera vista es que, cuánto afuera estamos de nosotros mismos, para tener que llenar con comida a lo salvaje y al mismo tiempo, toda esta comida es la que nubla nuestro cerebro, cuánto ahínco cuánta rabia, expresada, culpando a los organizadores. Sigo reflexionando y enviando mucha luz sobre esta forma de enterrar el alma y nublar el espíritu. Se que todos pasamos por cosas similares en la vida y que todo es un aprendizaje, sin embargo siento que no tenemos que pasar por alto todas estas cosas y hacer como que no va con nosotros, todos juntos formamos un planeta y todos aprendemos de todos, cuando la ceguera nubla a nuestros hermanos, nuestra herramienta más grande y hermosa es enviar luz y compasión, para que todas estas almas puedan ver sus acciones y tengan la fuerza y la luz para querer y poder cambiar.

La llama Violeta es mágica, siempre que la usemos.

Los que descubrimos este mundo interno mágico que todos somos, ya no sirve quejarse, tenemos que permitir que la luz brille en todo nuestro cráneo, en nuestras células, limpiando todos los nubarrones que nos impiden ver, la autenticidad de lo que somos.

¿De qué nos quejamos los que tenemos una conciencia más despierta?

Simplemente esta pregunta, está hecha con una intención y ésta es que reflexionemos sobre ello. ¿Qué es lo que impide que las cosas vengan a nosotros? Cierto día me encontré con una amiga, esta mujer muy despierta y dispuesta para encontrar el amor de dios en su corazón, el obstáculo más grande que este ser tan maravilloso vivía era la incertidumbre de no saber o tener la valentía de dejar una relación, que para nada se acercaba a ser lo que ella anhelaba, sin embargo su ego no la dejaba ser libre, viviendo con mucho miedo el dolor que le causaba dejar atrás al maltratador psicológico, nuestros recuerdos del pasado nos mantienen atados indefensos y todo por que hemos olvidado quienes somos, hemos olvidado amarnos y escuchar la voz del alma. Sencillamente si Dios nos habla a través de la vida, de las repeticiones, del desamor por nosotros mismos ya es momento de que volvamos a nuestro sentimiento más profundo. Y nos valoremos en nuestros ideales, en nuestro amor propio.

Observando atentamente al ego que quiere vivir dependiente. Si respiramos, soltamos.

El amor al Dios infinito que somos, el amor hacia nuestros Maestros, nuestros guías, que con todo cariño y dedicación nos atienden, nos ayudará a salir de esta zona de comodidad que ya conocemos y que sin embargo no estamos felices en ella, pues nuestra alma requiere un cambio y una sanación.

El dolor habla. Cuando nos paramos para escucharnos estamos facilitando que el cuerpo nos hable. Y todo requiere una práctica. A veces solo hay que descansar.

Recuerdo en un día de terapia vino a mi consulta una mujer con mucha ansiedad, tanta que ya sufría una taquicardia, todo su dolor era debido a que no sabía manejarse en las relaciones con la familia y gran parte de su dolor estaba justificado por el comportamiento con su hijo, en muchos casos permitimos a nuestros hijos que nos maltraten psicológica y físicamente, a menudo sucede que cuando unos padres están educados con muchas carencias y exigencias, luego éstas se convierten en trastornos compulsivos de exigencia hacia los hijos, por una parte permiten cosas que no ayudan a que crezcan sanos y por otra parte, hay una falta de apoyo y de comprensión en la educación con sus hijos, en este caso era un permitir por miedo y otra parte era el reproche continuo, tirando por el suelo la autoestima de su hijo. Desde luego que todos hacemos lo que podemos, ella hacía lo que había aprendido, hasta que poco a poco y con mucho tesón fue haciendo que su forma fuese apoyar y ver que detrás de cada dolor hay una oportunidad, para que de esta manera las cosa cambiasen. Ella tuvo que aprender a marcar límites y al mismo tiempo, apoyar a su hijo para que éste se diese cuenta de que tenía una madre que lo apoyaba dejando a un lado el reproche continuo. Lógicamente si en nuestra vida no hemos sido apoyados, la tendencia será esa, hasta que llega un momento que todo se nos escapa de las manos y nuestra alma pide ayuda, en este caso ella recibió terapia y pudo ir cambiando su comportamiento, a medida que ella no permitía los caprichos de su hijo y por otro lado, lo apoyaba en sus cosas, el hijo empezó a mejorar su agresividad. En nuestro caminar por este planeta, tenemos que buscar la dulzura dentro de nosotros, está dulzura nos llevará a nuestra sanación y la de todos los que nos rodean, la dulzura abre caminos insospechados, sanando la ansiedad, la exigencia y luego esto tan lindo que se manifiesta a través de nosotros, irá sanando lo que por no saber hacerlo mejor, está dañando nuestro cuerpo y relaciones.

La dulzura ayuda a nuestras células en la sanación de nuestros órganos, con los ejercicios de este libro llegaréis a sanar vuestro corazón. La luz abre puertas.

En este vaivén, maravilloso que es la vida nos encontramos con pruebas que nos causan mucho dolor, sin saber que todas las dificultades se pueden mejorar y sanar cuando dentro de nosotros permitimos que de nuevo surja la fuerza del cambio hacia el amor. Todos pensamos que amamos y el amor hay que sentirlo, pensarlo e irradiarlo.

El amor auténtico no tiene miedo.

Mientras haya tanto conflicto dentro de nosotros, difícilmente podemos dar ese amor incondicional, que nuestro corazón anhela, en este caso, con esta mujer lo que más entorpecía una buena relación en su hogar, era el reproche constante, cosa que con esta actitud, atraía una energía hacia su corazón que se convertía en ansiedad y su cabeza no tenía paz.

En algún momento de nuestras vidas todas podemos pasar por estas experiencias, o parecidas, y puede darse el caso que por nosotras mismas no encontremos respuestas para que todas estas formas no muy creativas se puedan sanar, si por nosotras mismas no podemos o no sabemos, buscaremos una ayuda que nos oriente.

Nuestra decisión será la que nos lleve hacia el cambio.

Capítulo Octavo.

Cuando creamos lo nuevo, todo el sistema se beneficia.

La fortaleza del alma y del espíritu se descubre cuando somos capaces de liberarnos de las imágenes cargadas del sentimiento del pasado, y mientras no tomemos la responsabilidad de elaborar un sentimiento diferente dentro de nuestra conciencia, con imágenes creativas, pensamientos amorosos para vivir lo que de verdad desea nuestra alma, seguimos repitiendo la película que ya conocemos.

Soltar todo juicio, soltar ese niño o esa niña que están apretados dentro de una legislación mental y que nos la hemos aprendido al pie de la letra, solo que no somos conscientes del daño que nos puede estar causando, por una nueva, escrita con letras doradas, en la cual podemos escribir lo que a partir de ahora queremos vivir. Sin duda hemos aprendido a través del sufrimiento y gracias a este hecho, hemos buscado a Dios dentro de nosotros, pues el fuego del dolor, solo se apaga cuando la fe de nuevo vuelve a llenar nuestra alma.

El camino del guerrero de la luz, es descubrir los tesoros olvidados en nuestro subconsciente y la misión de nuestro espíritu es proyectar desde una conciencia liberada toda la luz contenida en nuestra conciencia celular. Llenar el sentimiento de amor forma parte de nuestra sanación.

Por ello aquí encontraréis las indicaciones precisas para poder ver la luz del sol envuelta en amor dentro de vosotros. Logrando que esta luz os sane.

Cuando por fin logramos trascender las limitaciones del ego, y nos enfocamos en vivir nuestros sueños a través de nuestra aura y conciencia, se comparte tal simbiosis de felicidad, que los mismos Maestros Ascendidos son una y la misma luz permanente, unida a nuestra y estructura física. Si el río en algún momento puede ver su reflejo, se enamorará de sí mismo, nuestros Maestros cuando ven nuestro ahínco y devoción hacia este amor mantenido día tras día, con la prístina intención de vivir una vida llena de pureza, se regocijan enormemente, viendo que toda esta intención, mueve la estructura misma del planeta tierra. Ellos no están pendientes de nosotros, pues tienen grandes labores a nivel mundial y galáctico. Sin embargo tan pronto como nuestra vibración se eleva y conectamos nuestra conciencia a la suya, Ellos lo saben perfectamente y todos los atributos que tal Maestro posea, esos mismos atributos, nos son conferidos con la certeza por parte de Ellos de que vamos a usarlos para el bien de todos nuestros hermanos.

La capacidad de luz y amor de nuestros Maestros, de nuestros guías contiene todas las memorias de unidad y gloria que estamos por vivir, el remanso de paz es transferible a nuestros corazones, pues Ellos saben lo importante de este atributo, para que los hijos de la tierra sigan sin demora hacia la iluminación de su espíritu.

En un estado de conciencia liberada, se pueden dar los más bellos milagros y sin lugar a dudas vivir el cielo en la tierra está siendo posible. Esto significa que a través de nuestra intención, derramaremos con cada pensamiento y sentimiento puro amor e inocencia y que veremos un reflejo de este amor en toda la creación. Así de nuevo volvemos a este sentimiento de pureza, con una conciencia liberada, una conciencia que estando llena de los atributos más bellos, atrae hacia sí misma el reflejo de su creación y esto es el más bello regalo que un hijo de Dios vive aquí en la tierra.

Somos creadores infinitos, incansables, pues sabemos que detrás de todo empeño, está toda esta gloria por vivir.

Vivir esta liberación total desde la conciencia solar contenida en todo nuestro sistema celular y ADN.

Todo esto es el legado que nos dejaron Estos Grandes seres, que como nosotros pasaron por todas las vicisitudes que conlleva vivir en este planeta, lo lograron gracias a su tesón y debido a toda su magnanimidad llena de amor y buena voluntad, se liberaron del espejismo del ego.

Voy a compartir, mi experiencia en algunas de mis expansiones de conciencia siempre guiadas desde el espíritu protector. Hace más o menos trece años estaba en esa etapa de formarme en la terapia Craneo Sacral allí en Coruña, esto eran módulos que duraban tres días, al tercer día terminado el primer módulo, fui caminando por todo el paseo marítimo, cerca del obelisco y allí me acerqué a las rocas donde más fuerte rujía el mar, la intención era desconectarme de los ruidos externos, sólo quería escuchar las olas tan fuertes batiendo en las rocas. Me senté en las rocas, y me dejé llevar por el fuerte sonido del mar, de pronto ocurrió algo que por primera vez en esta vida experimenté, me vi transportada dentro del agua y pude sentir con toda precisión que el mar y yo éramos la misma materia, no sentía mi cuerpo, solo sentía una expansión de conciencia que me transportaba dentro de la conciencia infinita de la creación, estaba siendo una con la marea, sé con certeza que esto sucedía a raíz de haber estado trabajando con la terapia Cráneo, esto tan especial sería el comienzo de estas expansiones que a lo largo de estos años fui experimentando. Este hecho tan especial me llevaría a vivir conexiones con los diferentes elementos terrenales y poder hablar con cada uno de ellos, siendo entendida cuando les hablo, al mismo tiempo que yo los entiendo, siento que quizá me entienden ellos mejor a mí que yo a ellos. Por paradójico que parezca, las personas que están cercanas a mi, lo ven como algo ya natural. Sin lugar a dudas todos podemos llegar a esa sensibilidad si la cultivamos, el verdadero amor e inocencia abren puertas insospechadas. Creo que toda esta conexión que a menudo experimento en mi vida, sea con el reino que sea, viene dada porque un día decidí entregarme totalmente a escuchar la vida y a escuchar mi alma.

Con la sensibilidad se nace y también se cultiva.

Me costó desprenderme de mis miedos viscerales,

solo que ante la nada, no queda otra opción que lanzarse de lleno al vacío, en la confianza infinita del creador. Cuando sentía que entraba en el rol de las dudas algo se rompía dentro de mí, llevándome de nuevo a la confianza absoluta. Me dí cuenta a lo grande que por mucho que pensaba y pensaba, en este tanto pensar nada tenía solución y desperté a al requerimiento de sentir y así poco a poco, fui entrenándome en esa confianza que todo lo puede y que si no era como yo esperaba, siempre era aprender a soltar toda expectativa y fluir dentro de la marea del sentimiento, mi alma me marcaba el camino.

Este camino que no tiene marcha atrás, ella nos lleva devuelta a conectarnos con nuestro sol.

Hoy después de haber navegado, por el inframundo de mi subconsciente, después de haber luchado con dragones, en las mazmorras escondidas de mi mente, puedo ver con total claridad y sentir desde la compasión, como nos enredamos en los espejismo de nuestra mente, cuánto sufrimiento se podría evitar, si nuestro más fuerte empeño fuese en querer salir de esas mazmorras, de todos esos miedos que enferman el cuerpo, el alma y sin un atisbo de queja navegar por las mareas de las emociones, uniéndolas a nuestros sentimientos sabiendo que cuanto mejor nos conozcamos más disfrutaremos del privilegio de vivir conscientes y sanos centrados en buscar dentro de nosotros una forma nueva, práctica y llena de dicha y que esta nos irá llevando a la sanación y rejuvenecimiento, y de camino a lograr nuestra ascensión.

Vivimos prácticamente una vida de cara afuera, enfrascados en conseguir títulos, o enfrascados en tapar con fármacos todas nuestras dolencias, tanto del alma como del corazón y obviamos escucharnos, escapándonos de nuestros propios sentimientos, creyendo que de esta manera se resuelven. Nada se resuelve si no nos hacemos responsables de eso que nos causa dolor y rabia. ¿Con qué vamos a llenar este dolor y rabia? Pues responsabilizándonos de gestionar la confianza dentro de nuestra alma y tomando la responsabilidad de cambiar la forma que de continuo nos lleva a la rabia, ésta es un engaño que tapa todo lo demás y lo demás es tomar responsabilidad de solucionar lo que sea, dentro de nuestro corazón. Ahí adentro no puede quedar ni una sola brecha por la cual se pueda colar el ego, con lo cual la importancia de buscar ayuda de un terapeuta que nos pueda ayudar a sacar para afuera, lo que está impidiendo vernos emocionalmente.

En el ámbito, afectivo, se pueden dar muy pronto el cumplimiento de nuestros deseos, cuando de verdad queremos lo vamos a lograr, pues no hay nada que sustente más que esta fuerza interna de no depender de nada ni de nadie emocionalmente. Primeramente ajustaremos los juicios que emitimos muchas veces sin darnos cuenta y precisamente los juicios sobre cualquier causa de la vida son los que nos mantienen repitiendo, todo eso que sabemos que no está bien, solo que no tomamos la responsabilidad de cambiarlo, afirmando con mucho orgullo de nuestro ego, que la vida es muy difícil y que hay que luchar mucho. Todo aquello que se emita en contra natura todo eso no hará que nuestra vida cambie, lo que queramos que cambie, primero tenemos que permitirlo y ser conscientes que si de la forma que lo estamos haciendo, no hay soluciones, tenemos que preguntarnos qué alternativa podemos tener, para obtener que los resultados sean otros.

Capítulo Noveno.

Unir sabiduría e inocencia.

En la conciencia del amor todo es posible, recalco siempre lo del amor, pues gracias a buscar ese amor hacia nuestra divinidad, podemos hallar las respuestas y la fortaleza que necesitamos, para salir del laberinto en el cual estamos medio dormidos. Sí así es, nuestro Creador Padre Madre tiene todas las respuestas y si no hay respuestas o no podemos aún escucharlas habrá mucha paz en el alma y en el corazón. Me pregunto, ¿Dónde está nuestro espíritu, dónde lo hemos dejado? Y responde el espíritu, me he quedado eclipsado por falta de ilusiones y porque vuestra inocencia está en el trastero de vuestra mente bien guardada. Mientras no recuperemos nuestra inocencia, nuestro espíritu estará señalado a vivir sin motivaciones, sin ilusiones, tomemos pues conciencia ahora que somos adultos, que si dejamos libre nuestra inocencia, creando a través de ella, nada malo puede suceder, pues nuestra conciencia tiene sabiduría y tesón para unir lo desunido. Ahora podemos elegir ver la vida desde la inocencia del bebé, sin poner juicio a nada y así no atraemos más espejos que nos reflejen, nuestras carencias. Este espíritu quiere sentirse libre, quiere vivir esa inocencia olvidada, quiere de nuevo ilusionarse por la vida y a medida que esto surge, de nuevo veremos que nuestro cuerpo físico, empieza a cambiar y sale victorioso de las mazmorras que lo mantenían apretado y mustio. Así como nosotros nos atamos con cadenas, así mismo podemos des-atarlas. De niños no discernimos el valor que tiene cada cosa y tampoco la medida, entre lo que es armonía o el capricho, así de esta manera el ego se va formando, atando las cadenas con sufrimiento, hasta que llega el momento que así como nos hemos atado con patrones y comportamientos así mismo podemos sanarnos.

¿Por qué entonces, damos tantos rodeos para liberarnos de eso que nos causa sufrimiento? Ahí de nuevo juega un papel importante la inocencia y la ilusión por vivir algo realmente bonito, siendo capaces de ver con claridad dentro de nuestro subconsciente la forma en como enjuiciamos todo lo que nos pasa. Por ejemplo, tengo un amigo, que tiene colesterol en el hígado, este me comenta que su hígado va lento y yo le digo, bueno ¿No crees, que a partir de ahora eso puede cambiar? Me contesta, no creo, pues es familiar, a lo que respondo, pues ya sabes enséñale una memoria nueva. Y que quiero decir con esto, que si somos conscientes de que nuestro cuerpo tiene algo que mejorar, podemos informar a nuestras células que arreglen lo que está desarreglado. En este caso, estoy segura que este amigo lo va a lograr, él tiene mucho tesón y habla con sus células.

Todo sentimiento ajeno a la armonía tiene repercusión dañina en todo nuestro cuerpo y estado físico, si fuésemos capaces de ver, el tremendo esfuerzo que tienen que hacer nuestras células para armonizar continuamente, lo que nosotros con nuestros estados de ánimo y pensamientos de pesadumbre, le ocasionamos, estaríamos un poco más atentos a que eso no sucediese. Aunque ya sabemos que todo es un proceso.

Toda esta atención puesta en las respiraciones y ejercicios de sanación que llevo nueve meses practicando estoy segura os llevará a que vuestro cuerpo y principalmente vuestro cerebro se mantenga joven, evitando enfermarse y caer en estado de vejez. Las células tienen una función, la función es rejuvenecerse a cada momento, si prestamos atención a que todo este sistema de conciencia celular pueden alimentarse ordenadamente con un estilo de vida sano y unos pensamientos liberados de preocupaciones y la conciencia dirigida hacia nuestro alimentador de luz, estaríamos conscientes e iluminados así como la luz del sol ilumina y alimenta la tierra y como no, nuestros cuerpos se mantendrían en un estado joven, bello, iluminado. ¿Os podéis imaginar? Claro que sí y eso lo vamos a conseguir.

Donde estén la fe y la ilusión está la magia.

Capítulo Décimo.

Ayudar desde la fuente.

Las células tienen unos hilitos dorados dentro del núcleo de cada una, éstos se llaman telómeros, hace un año más o menos empecé a meditar en el asunto de como poder rejuvenecer estos telómeros.

Y queridos hermanos aquí da comienzo mi gran experiencia personal sobre los pasos que he ido dando, mediante el apoyo con mi Yo Creador y mis amigos los seres de luz que me siguen guiando para que de esta manera logre recomponer este puzzle maravilloso que es mi cuerpo en unidad con todos vosotros. Es una delicia hacer todos estos ejercicios, así mismo me gustaría que fuese del mismo deleite para todos vosotros y con resultados similares o mejores. Antes de comenzar os recordaré que.

LA FE, EN LA FE, DA FELICIDAD ABSOLUTA.

Capítulo Décimo:

Ayuda desde la fuente

Ahí voy

Empecé mi práctica por hablarle a mi yo superior para que rejuvenezca mis células, mis órganos de todo el cuerpo y esto sintiéndolo profundamente y al mismo tiempo escuchando que sensaciones me enviaba mi cuerpo y percibiendo las imágenes de luz que me llegaban de todo mi sistema celular. Cuándo vi que las células brillaban empecé a pedirles desde mi corazón, que por favor rejuvenezcan todos y cada uno de mis telómeros, en este momento me conecté con mi ser superior, yo lo llamo Creador divino y le pregunté qué tenía que hacer para que mis telómeros se rejuvenezcan y me mostró que primeramente, visualice su luz, la Luz Del Creador llenándome todas mis células de luz y por el impulso de esa luz se encienden los telómeros y de esta forma se crea un campo de luz por todo el cuerpo. Comparto que a raíz de estos ejercicios, he pasado por pequeñas crisis, para luego mejorar totalmente. Lo primero fueron mis oídos, se abrieron para escuchar y soltaron mucho dolor guardado ahí adentro desde pequeña. Recuerdo que cuando era pequeña solía tener infección grave de oídos y ahora pasé este proceso como cuando era niña con mucho dolor solo que consciente de que un trauma se estaba sanando. Después de toda esa limpieza mis oídos están perfectos y escucho en la perfección. Lo segundo donde noté una gran mejoría fue en mi piel y esta aún sigue mejorando día a día. Con la piel también pasé una cuarentena, haciéndome un baño diario.

Mi vista está quedando perfecta, la sensación de

todo mi cuerpo es diferente, a medida que voy experimentando compartiré mis cambios, ¡Ah! se me olvidaba mi Creador Divino me mostró que lo haga tres veces al día, esta conexión de enchufe divino y así lo estoy haciendo.

Así de esta forma estoy Yendo hacia una memoria nueva.

A medida que voy escribiendo este libro iré dando información sobre mis avances, deseo que estos ejercicios den el resultado, que se provee y que todas las pócimas químicas que se usan para sanar y rejuvenecer se quedarán muy pequeñas comparado con toda esta bendición proveniente de la fuente de nuestro Creador. La misma fuente de donde proviene toda la unión de la gran Luz y el amor que lo une y sana absolutamente todo.

La fuente de luz, nuestra imagen y semejanza. Somos LUZ.

Ciertamente desde que fuimos creados y cada uno con un propósito o un plan, muchos de nosotros hemos elegido venir al planeta tierra para ayudarla hacia una era de luz y amor divinos, hasta este momento de ahora muchos acontecimientos hemos vivido hasta llegar a la conciencia de unidad con El Creador y sentir en la profundidad de nuestro ser que llegó el momento de que todo cambie en nuestra conciencia de la genética, para que esta reciba las memorias de completa sanación y rejuvenecimiento.

Es de suma importancia darnos cuenta de la gran oportunidad que tenemos por estar aquí encarnados en estos momentos, todo lo que hemos elegido para vivir fue útil y necesario, para poder amoldarnos dentro de esta forma física y expandirnos con gran anhelo de nuestra alma y de la luz y amor de Dios.

Somos chispas de luz en expansión.

Pasando por todas las tormentas elegidas para de esta forma poder vivir la vida desde nuestra propia experiencia vital y no desde las experiencias de afuera, calmando la mente es como se unifica el corazón para expandir el amor Dios y la Luz para toda la creación. Ser auto-suficiente, tener criterio propio, caminar unidos a nuestra autoestima y ser asertivos, compasivos, tener principios y valores que siempre nos llevan a recuperar nuestra inocencia, con una conciencia renovada.

Capítulo once.

La travesía.

Dentro del caudal de dicha única y maravillosa, volvemos a encontrarnos con que dentro de nosotros corre un caudal de energía único que cuanto más lo potenciamos más grande se hace.

A medida que nos conocemos en esta potencia ilimitada, conocemos el mundo y a través de todas las experiencias fortalecemos nuestro corazón, con el conocimiento y sabiduría adquirido a través de todas y cada una de nuestras travesías. Recuerdo en estos momentos las experiencias narradas en la historia de Ulises y como nos muestra claramente la historia que vivimos toda la humanidad, llegando sin ninguna duda a superar todas las pruebas. Así de esta forma se forja un alma valiente, un corazón fortalecido y desapegado, deseando con todo el alma y corazón llegar a los brazos de su Creador. Y aquí en estos momentos de nuestra historia tenemos la gran oportunidad de alcanzar este lazo sagrado de conciencia pura, con nuestro Creador Divino. Esta conciencia pura, se une a la magia tan bellamente expresada y vivida por El Amado Maestro Saint Germain. Él como muchos otros Maestros hallaron el Santo Grial en la gloriosa Luz de su Creador y por el impulso de toda esta luz se va manifestando todo este fuego necesario para llegar a alcanzar nuestra ascensión y de ahí, desde ese hilo conductor nace toda esta luz que iluminará todo nuestro campo, rejuveneciendo nuestro sistema celular.

A partir de ahora iré compartiendo día a día, lo que desde, mi Divino creador, Dios dentro de mí, vaya recibiendo.

Antes de seguir quiero compartir, que cuando empecé a experimentar los ejercicios que estoy plasmando en este libro y sin que mi amigo Juan Carlos García supiese nada de que yo estaba experimentando para dar vida a este libro, me hizo una llamada en la cual me dijo, Estrella, me he puesto a meditar con mi Creador y le pregunté que si tu te ponías a escribir un libro, si Él, te podría dar la información, sobre el rejuvenecimiento celular y de los telómeros, la respuesta que recibió fue que, si yo me comprometía seriamente con el proyecto, me darían esa información. Lo que no sabía mi amigo era que desde nuestra última conversación sobre el tema, yo me había puesto muy firme en llevar adelante esta práctica, pues llevo mucho tiempo sabiendo que algo muy bueno sobre sanación iba a recibir de los Seres de Luz. Como ya sabemos Ellos están comprometidos en nuestra evolución y su ayuda tan grande es para que despertemos de nuevo a que esta luz y este amor llegue a sentirse en todos los corazones y como no la sanación de todo nuestro cuerpo.

Llevo días haciendo la práctica de la conexión con mi Divino Creador y cada día que la hago experimento en mí una frescura que renueva, todo mi sistema.

Como ya compartí, lo primero fueron mis oídos luego, mi vista y hace cuatros días que empecé a hacer la meditación tal como mi Divino Creador me pidió. El día uno, sentí una mejoría en un poquito de inflamación que tengo en un codo, desde ese día ha mejorado muchísimo, el segundo día experimenté, el mismo efecto en una vértebra lumbar, el tercer día, sentí una energía de frescura recorriendo toda mi columna vertebral, el cuarto día, me desperté temprano haciendo respiraciones profundas sin que yo lo hubiese pensado, esto estaba siendo algo espontáneo, luego me puse en contacto con El Creador, haciendo mi meditación correspondiente y de nuevo entró en todo mi sistema una frescura que aligeraba todo mi cuerpo, estos días los viví con una energía sobrenatural. Sigo con el cuarto día por la noche antes de dormirme, de nuevo me puse en contacto con el Divino Creador Padre Madre, hice mi ritual de conexión y cuando llevaba de cinco a diez minutos conectada, de nuevo sentí ese frescor por todo mi cuerpo y al mismo tiempo en un solo segundo, me vi trasladada a otro lugar y ésta era una huerta con un limonero, lleno de preciosos limones amarillos, esta visión fue muy breve pues en segundos me vi en mi cuerpo y esa noche tanto como la anterior tuve sueños muy lucidos parecían ser de una vida anterior, estos sueños eran con la misma persona. Quinto día, igualmente que el anterior me desperté haciendo respiraciones continuas y profundas, estas duraron por lo menos quince minutos, con largos estiramientos de todo mi cuerpo. Cuando esto terminó me incorporé y me conecté con el Divino Creador, hice mi conexión como de costumbre y de cinco a diez minutos y sentí como todo era una unión, la conciencia celular transmitía destellos de luz hacia los telómeros y estos se alegraban.

Mediodía más menos cuatro de la tarde, de nuevo mi conexión, hablo con la Divinidad, hablo con mis células y de nuevo, a los pocos minutos se produce la conexión y de nuevo siento un alivio por todo mi cuerpo y percibo una alegría de nuevo en mis telómeros, la sensación es de que todo forma unión con el todo, la luz entra por la cabeza llegando hacia los pies y de nuevo vuelve a la cabeza y así mientras dura la conexión. Llegar hasta aquí, a estos momentos de mi vida ha sido todo un reto, el recuerdo de mi niñez muchas veces viene a mi mente, dicen que recordar los orígenes con cariño nos lleva a vivir la compasión por todo aquello que hemos vivido. Simplemente que nada sabemos de nada pues la historia está escrita con letras de oro aunque nosotros durante mucho tiempo solo veamos hierro.

Siempre sentí desde muy pequeña que había algo hermoso por vivir, que la vida no solo se componía de aquello que mis ojos veían, no podía ser que la vida, fuera pura monotonía y ¿Dónde estaba el color de la vida? ¿Dónde se había ido la magia?

¿Acaso ya no existía? ¿Sólo era esto, vivir perdida en un laberinto y luego la muerte? Estas y muchas preguntas más, me hacía desde muy pequeña, luego olvidé todo esto, hasta que muchos años más tarde llegaría el momento de recordar y con ello la gran labor, de recomponer de nuevo las piezas desunidas y recuperar esta unión, puedo compartir que siento que lo he logrado, este logro está en todos nosotros, en la labor interna, en unir con amor todo lo que sintamos que nos desune que nos separa de la ternura interna de nuestro corazón, pues eso, no es luz. Podemos de vez en cuando sentirnos frágiles, solo que nunca hay que rendirse.

Este gran misterio que nos tiene preparado la misma vida, llevar nuestra alma por todos los vericuetos, almacenados en su memoria y sanar, recomponer el puzle herido con mucho amor y atención al templo interno. El alma nos insta a que el cuerpo siempre van a querer sanar todas sus heridas y por ello, después de haber olvidado quienes somos y habernos enquistado en un ser con muchas divisiones fragmentadas, el alma pide con todo su fuerza volver de nuevo a los brazos de su creador, con lo cual aquí emprendemos de nuevo el regreso a casa. **Hacia la luz.**

La carencia de amor en nuestro ser, en estas alas rotas nos despierta del sueño de la separación y aquí buscamos con toda ahínco el equilibrio y poco a poco vamos reconociendo y sanando todas esas partes fragmentadas como yo-es separados, los cuales hay que volver a llenar y esta vez con el deseo único y verdadero de llenarnos del amor de Dios, porque llegados a este estado ya entendemos y sentimos que no hay otra manera de mitigar el dolor. Por muchas vueltas, desvíos y mentiras que nos contamos, letargos, taparnos con drogas y querer olvidar, todo eso, sigue siendo dolor y más dolor, que sigue tapando el verdadero llamado de nuestro ser. Mientras no cojamos las riendas de nuestra vida y no nos plantifiquemos, llenos de verdaderos deseos de sanarnos desde adentro nada cambiará, todo eso y mucho más seguirá intentando desviarnos del camino eso tiene un nombre, y es la parte oscura que mantiene ocupada a la humanidad en cosas banales y miedos. El agua estancada tendrá que correr por nuestro cuerpo, así como corre nuestra sangre por nuestras venas y el amor y la luz de Dios por nuestras conciencias, por nuestro sistema celular, despertando el diseño de Dios dormido en nuestro sistema de ADN.

Pues queridos amigos ¿estamos esperando algo? Señalemos pues, que nunca es tarde para recordar quienes somos, recordar que es lo que de verdad nos llena, ese es nuestro propósito, el anhelo de nuestra alma, que grita, ¡recuerda!, ¡escúchame! y lléname de nuevo de armonía y de belleza, no dejes que me quede así, sin que hayas recordado quién eres.

Este trasfondo de belleza sin igual que nos muestra nuestra alma, sin lugar a dudas, es lo que de verdad nos hace temblar y tomar conciencia, de que si no escuchamos nuestro cuerpo físico, éste irá somatizando el dolor, en enfermedad y vejez.

Y he aquí se presenta de nuevo la oportunidad de escuchar y empezar a dar cambios en nuestras vidas. Nuestra actitud debe hallar un nuevo camino, si queremos que nuestra vida de cambios, si queremos que nuestro cuerpo se sane, es imprescindible que a partir de ahora nuestras alas se desplieguen y dancen con plena armonía y dicha hacia esa nueva conciencia. **Podemos preguntarnos a menudo, qué es lo que nos impide ser**

auténticos.

También hay que tener en cuenta que si nos quejamos, nada va a cambiar, que si tenemos miedo que nos paralice, tampoco nada va a cambiar, que si hay pena eso atraemos, si hay juicios, atraeremos juicios y así sucesivamente.

 La compasión es la nobleza del corazón, cada vez que nos hacemos conscientes de nuestra compasión, estaremos sanando memorias ancestrales muy antiguas y también la compasión tiene que alcanzar de lleno toda nuestra conciencia y llenarla totalmente de amor hacia nosotros y nuestros hermanos, sabiendo que todo es perfecto tal y como es, si no, es que sería de otra forma y nosotros los que estamos en esta conciencia de cambio hacia el amor tenemos que ser esos seres que acompañen al hermano con un pensamiento de luz y de cariño. Tenemos que educar nuestra mente, para que ningún pensamiento dañino salga de ella, nuestra aura tiene que brillar limpia si queremos, que dentro de nosotros se vaya acomodando esta estabilidad emocional y mental. No es conveniente gastar una energía en arreglar la vida de los demás, no es conveniente dar por hecho nada, pues nada sabemos de la vida de otros, tenemos que ampliar nuestra conciencia hacia octavas superiores de luz y con esta nueva amplitud nos damos cuenta de que son meras suposiciones y que esa energía no nos conviene, pues nos sigue separando del amor y nobleza, si de corazón queremos seguir evolucionando, para ello estaremos atentas, a corregirnos, y nuestra mente tenemos que cogerla de nuestra mano y mostrarle el camino de una manera diferente a la que conoce, podemos imaginarnos que tenemos un niño y que le queremos enseñar a ser un ser libre, auténtico, positivo, que vea todas sus capacidades y que las valore y las ame, le vamos a enseñar a valorar la vida como algo único, algo muy especial, enseñarle que los valores son algo fundamental, para que dentro de él nunca más viva la ansiedad, ni la necesidad de criticar, enjuiciar, sabiendo desde muy adentro que todo eso ensucia su energía, sencillamente vamos a darle valor e importancia a lo que realmente la tiene. Cuando enjuiciamos y criticamos eso es la parte oscura que no estamos aceptando en nosotros. A este niño interno, lo vamos a enseñar a amar en libertad, esta libertad llena de confianza en sí mismo, valorándose en todo momento tal y como es.

 Este niño tiene que saber que si aprende a escuchar las necesidades de su alma, todo su cuerpo vivirá en paz, con lo cual su mente estará sosegada. Todo esto y mucho más, vamos a vivir.

 Para ello hay que entrar adentro.

Cuando tomemos por fin las riendas de esta mente que a veces va sin freno, este será un momento clave en el cual nos daremos cuenta de lo importante que es hacer ejercicios para que la mente aprenda de nuevo a disfrutar del momento, porque cada momento es único, éste no se vuelve a repetir, es de lo más urgente que la mente aprenda a estar satisfecha, este estado lo podemos llamar, una mente dichosa, así de esta manera, a nuestras emociones las vamos a escuchar y acompañar llenándolas de ternura desde nuestro corazón.

 Todo nuestro cuerpo tiene que saber que lo escuchamos, nuestra alma tiene que sentir que también la escuchamos, vivir con miedo a los cambios, es no vivir y este espacio de tiempo en este planeta ahora mismo es breve, aunque vivamos infinitamente, seguiría siendo breve.

Amigos hermanos hay que prepararse para nuestra ascensión.

La luz es infinita, todo está adentro y por todas partes.

Vuelvo de nuevo, a mi experimento, de tomar contacto cada día con El Divino Creador, Padre Madre. En este quinto día por la noche, después de llevar un buen rato conectada, experimenté mucha frescura en mi sexto chakra, no recuerdo haber sentido esto nunca hasta ahora, al ratito de haber sentido la frescura, se presentó en la imagen de mi mente, o mejor dicho en este chakra, la figura de una estrella de seis puntas, esta era muy dorada y emitía mucha luz desde su centro, seguí meditando y todo mi sistema celular se unía. Al sexto día, cuando me desperté de nuevo estaba haciendo respiraciones, con lo cual entendí que mis células, querían oxígeno, seguí respirando un buen rato, este día había una integración muy linda dentro de mí.

El séptimo Día, volví a hacer respiraciones, este día ya todo mi cuerpo me lo pedía, me sentí genial, mi cuerpo tomaba otra energía, mejor color en mi cara y sentí de nuevo expansión en mi sexto chakra. Al mediodía, hice de nuevo mi conexión con mi Creador, cuando llevaba un ratito, experimenté que mis telómeros, en vez de ser muchos, uno entero cubría mi cuerpo, fue una sensación de que todo estaba unido, el telómero palpitaba y respiraba en unión con todo el sistema celular.

Desde que empecé mis contactos, conversaciones con este Dios interno, Padre Madre divino más seriamente, digo en serio porque antes lo hacia esporádico y ahora son tres veces al día, bueno pues a lo que iba, desde ese día que mi Divinidad me dijo que tenían que ser tres veces diarias, así lo estoy haciendo y la mejoría es notable, mi cuerpo está mucho más fuerte, los dolorcillos que tenía se me han ido y hoy a mediodía me percaté que comía con más consciencia.

Siento dentro de mí una linda alegría por ver que mi deseo se ve cumplido, que todo esto que estoy experimentando pueda ayudar a muchas almas.

Capítulo Doce.

Mensaje De Los Hermanos De Las Estrellas.

Mis queridos hermanos, como siempre sucede con estos seres de luz, siempre me acaban sorprendiendo y esa noche del sexto día cuando ya me parecía que con el contacto con el Creador, ya iba a tener todas las respuestas, a esto de las tres de la madrugada, me despertaron, intenté por todos los medios quedarme dormida, no obstante no había forma de conciliar el sueño, abrí los ojos y miré hacia el cielo estrellado, esperando dentro de mí una señal, el planeta venus al alcance de mi vista esplendoroso, brillante, sigo mirando, algo dentro de mí me decía que tenía que seguir mirando, de pronto sentí la sensación de que, de las Pléyades recibía una señal de que querían hablarme, bueno yo no me lo creía, de nuevo estos seres poniéndome en un apuro. Cuanto más me quiero escapar de estas situaciones, más me empujan a ello. En este debate mío, que ahora pienso, Ellos se deben reír un poquito de mi, así de corazón, como ellos lo saben hacer, pues eso ahí sorprendida me quedé, esperando haber que pasaba, en todo este proceso me llegaba su luz y su calma. Claro que Ellos siempre esperan que yo les pregunte, que es lo que quieren decirme, y así que les pregunte.

Bueno queridos hermanos de las estrellas, ¿Qué es lo que queréis de mí? Ellos dicen, los códigos de sanación están contenidos en el ADN, de pronto me lo hacen sentir y me hacen ver que fueron Ellos los que nos implantaron nuestro ADN. Me hicieron sentir las memorias de sanación y envejecimiento, de todas nuestras células, ¿quiero llegar a entender, que para que nuestras células rejuvenezcan nuestro cuerpo, tenemos que recobrar la memoria de nuestra Divinidad contenida en nuestro ADN?

Y siempre guiados/as por nuestras células Madre

En realidad no tengo claro por donde me quieren llevar, solo sé que de nuevo, es tirarme al vacío. **Y confiar en el mensaje recibido. Tengo Fe en que todo se irá aclarando.**

Estos días he tenido intenso trabajo y aún no he tenido tiempo de ponerme en conexión, con mis memorias de mi ADN. En tres días que han pasado desde el mensaje solo pude hacer respiraciones, eso es lo que viene sucediendo desde que empecé a meditar con El Creador y mi sistema celular, hago respiraciones tres veces al día. Os comparto que sí estoy notando cambios, la sensación la tengo buena, así que solo queda experimentar a ver por donde me llevan. Aquí y ahora, en la presencia de mi Creador tomo de nuevo la escritura para compartir mis experiencias de casi toda una semana. Estos días lo que más tengo que resaltar es mi tremenda vitalidad. Las respiraciones se suceden día a día sin que ni tan siquiera me lo plantee. Surgen solas cuando me despierto. Y esto empezó de firme desde que estos hermanos me hablaron.

Es la tremenda vitalidad, el gran cambio.

El día 19 sentí en mi la energía de los delfines y con ello mi cuerpo empezó a soltar tensiones, sintiendo mucho alivio. En ese lugar de las Pléyades se acercó a mí un Maestro y me dijo que que se llamaba Elíhas y que había sido un Maestro en la Atlántida y que él me está ayudando en el contexto de este libro.

Me dice que un punto muy importante para nuestra evolución y de vital importancia para nuestra salud, es que pongamos el mismo énfasis, interés y amor en todo lo que vivimos, que nuestra actitud tiene que ser la misma ante lo que veamos, que la armonía interna tiene que mantenerse siempre en el mismo nivel de agrado y satisfacción para que nuestro sistema celular disfrute de armonía y juventud en todo momento, dice que lo que quieren nuestras memorias de nuestro ADN y [1]CM, es que sintamos como se rejuvenecen nuestras células, sintiendo que estas reciben las memorias de inmenso amor de cada una de las conciencias de nuestro ADN y modificando mediante la conciencia de nuestras Células Madre, el ácido Ribonucleico de todo nuestro sistema celular, neuronal y la conciencia del ADN. En este instante el Maestro Elíhas me muestra como me siento con todo mi entramo de células llenándose de amor y haciéndome ver que las gran portadoras del cambio son las Células Madre, ellas al igual que el ADN tienen la sabiduría ancestral . Así que en estos momentos experimento por todo mi cuerpo, una ligereza extrema sé y siento que todo en mí está cambiando, mi energía día a día aumenta, hay algo diferente que renace cada vez que medito. El Maestro dice que todo en unión irán haciendo que, células, telómeros, ADN y la conciencia del Creador se transforme en.

---

[1] CM: Células madre

Conciencia Solar.

Serán el timón para que el cuerpo físico gane la inmortalidad. Visto así parece todo un mundo de complicación y mucha faena, sin embargo no es así. Los seres de Luz saben que a mi me gustan las cosas sencillas y fáciles y estos ejercicios realmente son muy fáciles y muy efectivos. Cada día me sorprendo de toda la energía que tengo y ya no solo eso, sino que ciertos malestares de mi cuerpo se están diluyendo, la piel mejorando, una variz pequeña que tengo en la pantorrilla y que con el calor me molestaba se está clarificando y la siento mucho más ligera, me siento más guapa, en fin que mi cuerpo está respondiendo a lo que estoy pidiendo. Mi Creador, mis telómeros, mi ADN y CM, se integran de tal forma que parezca que todo mi cuerpo es otro.

Mis sabios trabajan todos en equipo.

El Maestro Elíhas a veces cuando estoy haciendo los ejercicios de pronto se aparece en la pantalla de mi mente para recordarme que la respiración es un punto clave en este proceso. La respiración oxigena todo el sistema celular, una vez se limpian todas las células y se llenan de luz, el creador se une a la conciencia de los telómeros, dando como resultado el rejuvenecimiento de los órganos.

 No dudéis un solo segundo, no me lo estoy inventando, todo lo contrario me quedo corta compartiendo, comparado con todo lo que está viviendo mi cuerpo. Esta transformación tan bonita, prácticamente un cuerpo de veinte años ahora el cuerpo tomó otra forma más femenina y muchas otras cosas más. De lo que sí me estoy dando cuenta es de que las células trabajan por grupos, por ejemplo, cuando estoy con el ejercicio de la conexión, me vino varias veces el mensaje de que visualice encima del órgano a tratar una espiral de células brillando en conexión con la luz del Creador. Esta imagen me llegó varias veces y esto es lo que hice en la variz, con hoy son tres días que lo hago y mi variz ya va tomando otro color. En fin queridos hermanos que mi experimento diario me lleva a vivir algo que siempre he tenido en mente de lograr y me parece el regalo más grande que puede recibir un ser humano. También algo muy importante a tener en cuenta es que el estrés en el cuerpo no permite tan rápida conexión entre Creador, ADN y telómeros, y ahí está la clave de por qué se me recomendó la respiración.

Esta práctica es fantástica, respirar es una dicha.

Cada vez que el cuerpo se estresa hay que recurrir a la respiración y con ello de nuevo vuelve el equilibrio y esa frescura es tan maravillosa que se da en todo el cuerpo.

El Maestro dice que toda la humanidad nos vamos a beneficiar de esto, que a medida que vayamos practicando, nuestro cuerpo irá cogiendo más luz y que cada parte del cuerpo tiene una memoria celular y que cada grupo hay que trabajar con ellas de una forma, cada órgano dice que tiene una memoria y aunque luego todo se engloba entre sí y esto es, que cuando los telómeros se abren para derramar su luz por todo el cuerpo, antes de eso, hay que ir al órgano y visualizar esta espiral de células sanando, rejuveneciendo todo este órgano. Como ya compartí, esa información me llegó hace tres días, este hecho es un precioso regalo.

De nuevo el Maestro comparte que todos los hermanos que en algún momento tengan dudas de como hacer los ejercicios que os conectéis con él. Dice que para la luz no hay distancia así que si algún ser de los que lean este libro pone en duda la veracidad de éste la mejor forma de salir de dudas es que toméis la conexión con el Maestro. Dice que el está para ayudar a los humanos que de verdad se comprometan con el hecho de alcanzar su rejuvenecimiento y sanación.

Bueno hermanos, el Maestro Elihas también se burla sanamente de mí, pues él observa mis pensamientos, la duda como humana que soy a veces me entra, sólo que como ya he dicho al principio de este libro de nuevo una vez más se me pide cerrar los ojos y escuchar, creo que no me daré acostumbrada a estos sobresaltos, lo que sí ellos saben, es que pueden contar siempre conmigo, para mi alma y mi espíritu es un privilegio. Afortunadamente también tengo que compartir que a ellos también los tengo siempre conmigo pues sé que me ayudan, cuando surge algo importante que tengo que saber, hacen todo lo posible para que me llegue la información y me ponga a solucionar.

Capítulo Trece.

Los Órganos Hablan.

Cuando empecé a escribir este libro no tenía ni idea de por donde iba a ir, yo sabía que era sobre sanación porque realmente es lo que me apasiona y ya no es el hecho de que yo haga terapias para ayudar a resolver traumas sino que todo lo que se refiere a ayudar, a sanar, a rejuvenecer, ese es mi hándicap, mi utopía, mi pasión.

Al observar por dónde se ha ido encaminando mi libro me doy cuenta que es una respuesta, un resultado a lo que yo desde hace mucho tiempo he querido alcanzar. Este trabajo diario de observación hace eones que ha comenzado en mí y este pequeño don de ver un poquito más allá nació conmigo, digo más allá en los problemas de salud que tienen las personas que vienen a mi consulta, sanar traumas o encontrarse a sí mismos.

En el día de hoy de nuevo muy centrada en escuchar mi sistema y así poder tener respuestas de mis órganos, empecé la mañana como de costumbre con mis respiraciones, luego hablar a mi creador, a mis células y a mis telómeros y como no de vez en cuando pido ayuda a mi ADN, células Madre. Como ya compartí vengo observando que cada órgano responde a un color o a una figura o símbolo. Hoy me llegó la imagen de la cara y esta vibraba en sintonía con la figura de un corazón, también me enseñaba que las células de la cara son muchas y de tamaño más menudito, cuando todo se sintoniza veo que estas células se abren y me dejan ver los telómeros, en unión con la luz del creador, para que esto suceda el cuerpo y la mente tienen que estar totalmente entregados, aquí diría que la mente tiene que estar vacía y este estado se logra fácilmente debido a que antes hemos hecho las respiraciones, igual que nuestros hermanos los delfines.

Luego me puse a visualizar el resto de mi cuerpo, bueno, en este momento la piel para ver qué era lo que me llegaba para sanar el órgano más grande de nuestro cuerpo, esperé bastante rato hasta que llegó por si sola la imagen y esta era que toda mi piel estaba llena de células blancas, con una luz intensa y éstas se abrían formando la figura de estrellas muy luminosas y se vislumbraban unas antenitas doradas que son los telómeros. Tiene que quedar claro que estas imágenes me fueron llegando y siguen llegandome, a lo mejor a vosotras pueden veniros otras imágenes, aquí lo que realmente cuenta son los ejercicios, luego cada una recibirá algo diferente, o bien, igual tenéis que visualizar lo que me ha llegado a mi , eso cada uno lo va a saber. Cuándo realmente el órgano en sí da con la figura o color que lo sana , esto se nota inmediatamente. Sentiréis como la luz da frescura y bienestar, inmensa paz y dicha, las células se sienten felices y todo el cuerpo responde a esta alegría unificándose con el resto del cuerpo. Me resulta curioso ver que cada órgano responde a una vibración o un color y luego se unifican todos entre sí. Un poco más tarde seguí investigando con mis riñones, pues a veces, por ejemplo, si me paso caminando o haciendo montaña se me cansan y esto fue algo que ocurrió ya desde muy pequeña, a mis riñones los esfuerzos nunca le han sentado muy bien. Así que hoy me puse a meditar en ellos a ver que mensaje me enviaban, de pronto fue como si mi cuerpo se trasladase a otra dimensión y en esto me vi con mis riñones en las manos y observo que de ellos sale una especie de sombra, rápidamente vuelve mi imagen normal y observo que las células empiezan a moverse para que las vea, los riñones están limpios y ellas pueden estirarse con alegría y se abren para mostrarme que los telómeros están empezando a rejuvenecer junto con las células a mis dos riñones y de nuevo una alegría llena de calma vive en todo el cuerpo. Os comparto que después, de todos estos años de mi vida, con los riñones flojos, desde que empecé con los ejercicios, están perfectos.

El maestro Elíhas de vez en cuando me hecha un cable, tengo que agradecerle que Él me esté acompañando en todo este proceso, es bueno tenerlo en cuenta. Al día siguiente de haber experimentado con mis riñones, de nuevo me pongo a meditar englobando todo mi cuerpo como siempre, esperando que algún órgano me hable, esto suele suceder cuando llevo unos diez minutos respirando y en esos instantes se focaliza mi atención en mi hombro pues éste desde mucho tiempo atrás me dolía, ahora pasados casi un año de ejercicios sé por qué estaba mi brazo así de delicado luego más adelante ya lo compartiré y es algo muy importante, si he de decir que esta sanación me llegó casi al año de estar con los ejercicios.

Pues bueno a lo que iba, con lo cual me focalizo

para ver qué información me llega y de pronto me viene la imagen de un color rojo, me quedo esperando y sigo visualizando este color, de pronto de nuevo mi conciencia se transporta a otro lugar, aquí me sucede igual que en veces anteriores y es como si me saliese de mi cuerpo y mi conciencia se expande multidimensional, así que, en esta expansión siento como mi sangre llega como un torrente a mi hombro y de pronto noto como físicamente el brazo me da unos pinchazos fuertes, así entiendo que la sangre le llega con fuerza, mejorándolo notablemente. Con esta respuesta hacia mi hombro siento que posiblemente esto suceda con el resto de los demás órganos aunque poco a poco iré comprobándolo o mejor dicho me irán hablando. Al mismo tiempo que recibía esta información de la sangre, las células madre estaban pendientes de este proceso sanador, de una manera sabía las células madre acompañan con su memoria sanadora este proceso.

 De nuevo hoy tomo contacto con mi cuerpo visualizo mis células y hablo con ellas y con mis telómeros, pido tomar conciencia de mi hígado, estoy esperando recibir información, así llevaba unos minutos cuando me llega el mensaje de que respire y lleve el aliento al hígado, así hago durante unos diez minutos durante los cuales me doy cuenta que mi hígado estaba mustio sin aire, con lo cual me habla haciéndome ver que si encerramos una planta en una bolsa de plástico, ésta sin oxígeno pronto se iría marchitando, igualmente él se sentía así, encerrado en una bolsa de plástico pues le faltaba oxígeno, con lo cual la sangre no filtraba en abundancia y con ello las células no tenían alegría. Se ve que debido a nuestros miedos vamos olvidándonos de respirar y esto va creando tristeza y depresión en nuestro hígado, de ahí la imagen que me mostraba de estar sin aire. A los diez minutos de las respiraciones me llega la imagen del torrente de sangre que fluye de una manera rápida y alegre con lo cual al poquito rato percibo que las células empiezan a brillar, mi hígado tiene oxígeno. La camaradería reina de nuevo en mi cuerpo y con esta paz me voy a la cámara de cristal de sanación. De nuevo un día más de experimentar con mis órganos el hablar con ellos, escucharlos y todo este trabajo de interiorizar me trae regalos inesperados. Por ejemplo hoy muy temprano escuché hablar a mi guía y este me decía que explicase con detenimiento el por qué de hablar con El Creador, con las células y con el ADN. Elíhas está muy atento a que os llegue toda la información. Pues aquí va la información que sin duda se ve que los lectores de este libro a estas alturas se estarán preguntando por qué es necesario este seguimiento. En primer lugar, sin Creador no hay creación, así que para obtener algo que queramos que se manifieste es imprescindible hablar con nuestro Creador, al hablar con él estamos manifestando lo que queremos que suceda .Él muy atento escucha nuestro pedido y va hacer lo posible para que obtengamos la forma de cómo cocrear con su ayuda lo que necesitamos, esto sucede a veces de la manera más inesperada pues el Creador tiene todas las respuestas que necesitamos para que nuestro cuerpo se sane, se rejuvenezca. Pedirle al Creador es tener asegurado la respuesta más acertada para nuestro propósito y evolución. Éste se manifiesta con colores o con símbolos, como ya fui compartiendo, El Creador siempre está esperando que le pidamos. Las células tienen que recibir en su conciencia desde nuestra conciencia, lo que queremos que hagan, estas tienen que recibir un mandato, una orden, y el ADN a su vez tiene que facilitar información cuántica si es que la necesitamos. Como podéis ver estos tres se necesitan y además hacen muy buen equipo. Cada vez que me pongo a hacer la introspección diaria, cada nuevo día compruebo que mi cuerpo responde con más prontitud. Hoy como de costumbre me conecté con las tres conciencias en su orden y luego visualicé todo mi torrente sanguíneo por todo mi cuerpo, eso era lo que me pedían todos mis órganos, pues hoy había trabajado fuerte en una sesión y se me había quedado bastante dolorcillo en la parte alta de la espalda, así que empecé a ver como la sangre bañaba con mucha alegría todos mis órganos, esto llevó unos minutos, luego pedí a mis células que iluminaran todo mi cuerpo hasta que éste estuviese transparente, así que, en escasos minutos todos mis bloqueos desaparecieron y en estos momentos sentía un bienestar inmenso como si naciese en mí, en ese precioso momento un nuevo cuerpo. Es muy agradable y satisfactorio poder vivir este nuevo amanecer, cuando vosotros lo viváis os daréis cuenta y sentiréis que me quedé corta en la transmisión del sentimiento que vivo con cada ejercicio.

Mi cuerpo día a día está más fuerte y más rejuvenecido y aún escasamente llevo un mes que lo hago de continuo y esto es todos los días, dos o tres veces al día. Os puedo asegurar que esto ya es imprescindible por el bienestar recibido y que apenas lleva tiempo hacerlo. Hoy por ejemplo sucedía que cuando visualizo como la sangre fluye por todo el cuerpo, mi cuello aunque en ese momento no lo estoy moviendo, siento como algo que hay ahí se desbloquea, hace el ruido de "crack" los huesecillos y ¡Qué ligereza tan grande siento! esto en verdad es un milagro, ahora mismo estoy flotando y todo sin dolor. Esto sencillamente es una inmensa paz.

Mi guía el Maestro Elíhas me dice que esto y mucho más voy a recibir para poder compartir. Tengo que compartir que de nuevo mi amigo Juan Carlos García, me apoya y de vez en cuando me dice alguna cosita que me hace pensar e investigar, conjuntamente con el Creador para tener más certeza sobre la sanación cuántica y rejuvenecimiento total de todo nuestro cuerpo. Hoy reflexionaba sobre toda esta información que estoy recibiendo de mi cuerpo y me llega la certeza de que es totalmente natural que en algún momento de mi vida pudiese llegar a esta conclusión, a esta sanación tanto para mí como para mis hermanos. Puesto que toda mi vida fui muy sensible y a medida que me fui escuchando más me daba cuenta de la tremenda sensibilidad que tengo tanto para mí como para las personas que vienen a terapia, eso me ha facilitado elegir la forma de poder ayudar a otros, pues para hacer la terapia que hago se necesita mucha sensibilidad y una alta percepción en la escucha del cuerpo, mis manos y mi campo sensorial tienen capacidades que a veces me asombran, muy certeramente. Y siempre doy gracias.

Desde hace unos cuantos años venía sintiendo que algún día escribiría algo que fuese sencillo y práctico y que al mismo tiempo ayudase a mucha gente a sanarse y ahora reflexiono que también, estaría muy bien, escribir algo sencillo y muy fácil para los niños, seguramente que algún día me vendrá la inspiración.

 Queridos hermanos un día más y llena de alegría estoy por los resultados obtenidos, la vida es un inmenso regalo y no hay que desperdiciarlo en cosas que no nos den salud, la avaricia de lo externo, rompe la armonía de lo interno, crear belleza, vivir una vida plena es nuestro derecho si así lo queremos. Después de casi una semana sin poder experimentar la conexión con mi Creador con las células y los telómeros, puedo compartir con todas vosotras con mucha más seguridad que estos beneficios se mantiene en el transcurso de los días. De todas formas siento que todos mis órganos necesitan tiempo para que cada uno cobre vida plena. Durante esta semana hice solamente respiración y aunque notaba mucho bienestar no tiene nada que ver como la conexión con el Creador, células, telómeros y es que todo forma parte de la **Triada**. Sin embargo hoy al retomar todo de nuevo experimenté que ha sido muy bueno parar estos días, así puedo comprobar hoy que todo mi cuerpo experimentó de nuevo la frescura de la conexión de estas tres conciencias multidimensionales y teniendo en cuenta también a la conciencia de nuestro ADN y CM. Me alegra compartir con todos vosotros, que hoy de nuevo mi conexión ha dado su fruto, me siento muy feliz por ello. Al poquito rato de conectarme y de hablar con mi Creador, células y telómeros de nuevo como en anteriores ocasiones, aparte del bienestar, volví a sentir pinchazos en distintos órganos del cuerpo, esto para mí sin lugar a ninguna duda, los órganos se están regenerando de nuevo, la vida en plenitud fluye por ellos, estas sensaciones son benefactoras y llenan de bienestar todo mi cuerpo. También quiero compartiros que estos días mi cuerpo al cabo de media hora me pide que cierre la conexión. Seguramente algunos estaréis pensando que eso es mucho tiempo, seguramente que tiempo atrás eso mismo pensaría yo, sin embargo puedo compartiros que esa media hora se pasa volando pues el bienestar llena todos los sentidos, otorgando satisfacción y paz al alma, mente, y espíritu. Una vez terminado este tiempo me miré al espejo y mi cara estaba llena de plenitud.

Todos los días mi cara está llena de plenitud y desde que he empezado con estos ejercicios me siento mucho más radiante más plena en todos los aspectos.

Doy de continuo muchísimas gracias porque todas estas bendiciones pueden ser compartidas y ojalá os puedan servir de guía y rejuvenecimiento tanto como a mí. Queridos hermanos han pasado tres días desde que plasmé mis últimas conexiones, ayer fue un día lleno de sorpresas muy agradables, cuando me puse a la conexión y como siempre no me esperaba nada, siempre confluyo con la escucha de lo que mis células y órganos me puedan compartir. Una vez hice mi conexión como de costumbre, a los diez minutos más o menos la atención se me fue a la cara y ahí de pronto vi con toda claridad a mis células, estas no eran muy grandes solo que de pronto veo como mis células de la cara tienen ojos y me miran, me las quedo observando muy agradablemente sorprendida pues éstas son las alegrías que me van dando mis órganos.

Es una dicha inmensa sentir todo este mundo interno hablándome, en verdad esto tan bonito me sorprende enormemente y con ello y todo me dejo fluir pues sé que todo lo que vivo está cambiando todo mi cuerpo, pues cada día estoy más fuerte y mis órganos se regeneran, eso sí, vivo muchos pinchazos y a veces me sacuden bastante el cuerpo pues llegan hasta el alma, sólo que al mismo tiempo son agradables, pues una se da cuenta que el órgano se está regenerando.

Mis queridos hermanos esto lo vivo día a día, no se trata de ningún cuento ni nada que yo no experimente y estoy segura que todo lo que me llega a mí, de la información de mi cuerpo, también os llegará a todos vosotros. Mis células de la cara, especialmente especifico, de la mitad de la cara, de la parte izquierda, me miraban y luego el núcleo de la célula irradiaba una luz potente dorada. Sentí mucha conexión con todas estas células haciéndose presente toda esta energía entre ellas. Al mismo tiempo el bienestar general recorre todo mi cuerpo los órganos se relacionan entre sí. Deduzco que las células de mi cara necesitaban rejuvenecerse.

Pasado un poquito de tiempo, se me fue la mente para mis riñones y lo que estos me mostraban era una luz que los unía, dándome a entender con este mensaje, que para que ellos estén bien, tienen que estar en sintonía, así que a partir de ese momento así los veo y de nuevo tengo que compartir que desde ese momento no he sentido nada de molestia y así ha pasado casi un año y mis riñones siguen perfectos como todo lo demás a excepción de tres cosillas que aún tienen que ponerse bien del todo, ya os voy contando.

Eso sí, esto es imparable la dicha interna es muy grande y esto ayuda a que cada día me sienta más joven. Hoy de nuevo y como cada día al llegar la noche me puse a hacer mi conexión, más menos siempre me lleva el mismo tiempo, para que el Divino Creador, mis células, mis telómeros y mi ADN se sintonicen y me hablen. Hoy antes de que se diese la compleción, me vino la presencia del Maestro Elíhas en las Pléyades, su luz era muy brillante solo hacía ademán de conectar su luz a la mía y así estuvimos un buen rato, pasado un poco de tiempo le pregunté que quería y me dijo que de vez en cuando los seres que lean este libro tienen que conectarse con Él. Con su Luz.

Él asegura que para una buena conexión con la conciencia multidimensional de vuestro ADN es importante que cuando os venga su imagen os conectéis con Él pues su conciencia se conectará con la vuestra y esto permitirá que sus mensajes su energía y apertura os llegue, eso sí, pedid y esperad en calma sin expectativas, escuchad vuestro sentir, él ayuda en este cambio de vibración.

Hoy de nuevo tengo algo muy hermoso que compartir, después de haber hecho mi conexión como ya compartí vi como toda mi cara mostraba todas las células llenas de luz y éstas me miraban, qué bonita era ver esta imagen y ya es la segunda vez que me muestran la misma imagen. Luego pedí a mi memoria del ADN que me mostrase la conexión perfecta entre mi Creador, mis telómeros y la conciencia multidimensional de éste, en todo este tiempo observo, espero haber que pasa, eso sí centrada en la suavidad de la respiración o en la suavidad de mi entrecejo, esto quiere decir sin mente, a ver de donde me llega el mensaje y esta vez de nuevo con asombro y alegría siento como mi conciencia se abre y se va al momento de mi nacimiento y ahí se unían las dos conciencias y queridos hermanos en esa profundidad, eso mismo éramos, dos uniéndose, formando entre sí una conciencia multidimensional, esto hay que vivirlo, era mi conciencia de telómeros con la conciencia del núcleo de las células y con la conciencia multidimensional, pude perfectamente sentir la conexión que tenemos justo al momento de nacer, esa conciencia de lo innato profunda y sabia, conectada con el Todo, este momento es muy grande, sin palabras, vi perfectamente cómo salía de la barriga de mi madre al final del libro daré los pasos e información de como hacerlo.

Es muy sencillo y es sumamente fácil, porque a cada momento todo va naciendo. A medida que nos abrimos para vivir algo a través de la observación de la meditación abrimos nuestra conciencia a toda la sabiduría almacenada en nuestro interior así como en el akasha conciencia dimensional y también a nuestros Guías y Maestros, esto ya depende de a quién nos vayamos a dirigir. A excepción de que bastantes veces se ponen ellos en contacto con nosotros.

Los seres de Luz, suelen ser muy pícaros.

Una vez más me siento con mucha gratitud y feliz de recibir toda esta información de cada uno de mis órganos y también por todo lo que me llega de las alturas celestiales, en cada momento todo es perfecto y los frutos siempre se van dando. La felicidad de poder vivir esto es muy grande, simplemente me siento feliz y agradecida.

Vivir el desapego desde una nueva conciencia es lo más grande.

Los hermanos especiales y luminosos del cielo

siempre están ayudando, mi gratitud hacia ellos es inmensa.

Es bueno para todos que sepamos, que en todo nuestro sistema celular se queda la memoria de la sanación y rejuvenecimiento que paso a paso vamos a ir viviendo y así es como se va construyendo lo nuevo, muy sencillamente y con gran dicha.

Un nuevo día y una nueva experiencia enriquecedora como todas y cada vez que me conecto me siento transportada hacia ese mundo interno de cada órgano del cuerpo y a veces mucho más allá.

Como no, después de la experiencia de ayer con la conexión tan espontánea en la barriga de mi madre justo en el momento de nacer, hoy cuando tomé conexión, de nuevo volví a ese momento y como cada vez que lo hago surge la sorpresa y esa fue que en un solo instante me sentí envuelta en un líquido gelatinoso, de nuevo como ayer al momento previo de nacer, mis células vivían de ese liquido, todas en sí unidas, este líquido las alimentaba y las unía, con esta visión muy sentida en mi cuerpo de bebé, pude darme cuenta que este líquido es el líquido amniótico, en el cual nos alimentamos en la barriga de nuestras madres. Pude sentir tan claramente la fuerza de todo este líquido pegajoso en todo mi cuerpo y sentí que este líquido lo necesita nuestra conciencia celular, con lo cual de nuevo volví a vivir a lo grande, que la unión de la conciencia de ahora con la conciencia del bebé en el momento de nacer es necesaria para el rejuvenecimiento total de nuestras células. Hoy sin duda es un gran día de descubrimiento porque al mismo tiempo que esto está sucediendo, veo los cambios en mi cuerpo, toda la piel está más tersa, percibo que ha rejuvenecido bastante y prácticamente acabo de empezar. Mi variz en mi pierna se ha clarificado y está la mitad de lo que era, los lunares y manchas en mi piel, va por menos de la mitad, mi eje central del cuerpo está mucho más fuerte, tengo mucha más resistencia, con eso y todo aún falta mucho por experimentar aunque tengo la sensación de que a partir de ahora puede ser más tranquilo, pues en los primeros meses noté mucha mejoría. Bueno poco a poco lo vamos a ir viendo, todo irá yendo a su ritmo.

Verdaderamente estoy viviendo un milagro. Me

doy cuenta perfectamente que nuestros órganos de la parte derecha tienen que hacerse amigos de la parte izquierda o por lo menos potenciar la parte más débil con la más fuerte, sea la izquierda o la derecha, la más fuerte tiene que ayudar a la más débil.

Es importante y bueno tener en cuenta que cuando un órgano se sana una vez empecéis los ejercicios, normalmente lo habla con pinchazos, bastantes pinchazos y bastante fuertes, y queridos hermanos que bendición todo es un regalo inmenso de nuestro Creador. El Maestro Elíhas tiene por costumbre durante la conexión ponerse en contacto conmigo, me baña con su luz, Él sabe muy bien como acompañarme para que la conciencia multidimensional de mi ADN me hable. Han pasado dos días desde mi última conexión y ayer tuve que hacer un viaje a Granada, expresamente para registrar mi libro, Manual de mensajes Pleyadianos Para Cada Día Del Año. No es por casualidad que haya tenido que caminar bastante y con muchos grados de calor, con lo cual acabé rendida y con cansancio. Cuándo llegué a casa me dí cuenta que mi piel estaba como si hubiesen pasado diez años de golpe, bueno yo pensé esta es la oportunidad que tengo para ver que me dice este órgano de la piel al respecto y concretamente así de golpe, mustia.

Esto no eran manchas ni lunares si no que de un plumazo se había quedado sin fuerza. Por la noche como de costumbre retomé conexión y pregunté de nuevo a mis sabios los de todos los días. Divino Creador, células, telómeros, ADN, CM, al rato me hacen ver mis dos glándulas pineal y pituitaria uniéndose entre ellas por un hilo de luz. Y he aquí de nuevo dos que se unen y que segregan un líquido dorado hacia los telómeros que justamente están en las dos glándulas, aquí deduje que son ellas las que producen esta sustancia para rejuvenecer la piel. Hoy de nuevo me he puesto a meditar para volver a comprobarlo y de nuevo la piel tomó firmeza y también con la aprobación en la respuesta de mis CM. Todos mis órganos están colaborando conjuntamente con mis sabios. Hoy aún seguía con cansancio solo que sin tregua me fui a caminar hora y media para ver luego la reacción en el sistema óseo, quería comprobar que células rejuvenecían la parte ósea. Y de nuevo en mi conexión con mis Divinos, creí en principio que serían las dos glándulas y no fue así, después de un rato y de hablar con mi ADN y CM, me llegó la información de que son las células madre las que regeneran los huesos, simplemente tengo que decir que esto es un regalo pues al ratito de ver que eran estas células me puse a visualizarlas y a pedirles que rejuvenezcan todo mi sistema óseo, así que los dolorcillos de mis huesos se disiparon, así de rápidos van nuestros órganos, tanto para un lado como para otro. Cuándo vamos en contra también pronto enfermamos. También compartiros que desde el momento uno, en el cual empecé a hacer las respiraciones las plantas de mis pies mejoraron bastante y aún a veces, cuando camino mucho, se sensibilizan bastante, más luego cuando nuevamente hago las respiraciones, de nuevo se fortalecen, están fuertes. Nuevamente mucha gratitud. Desde que hago las respiraciones y conexiones apenas me han vuelto a doler y si en algún momento me duelen, cuando hago los ejercicios se mejoran rápidamente.

Queridos hermanos como casi de costumbre pasan unos días de descanso entre una conexión y la siguiente, este intervalo de tiempo me da opción a observar, que cuando tengo información para compartir y no lo hago es como si todo se parase y estuviesen esperando a que yo me ponga en marcha para compartir. Estoy segura de que es, por si se me olvida la información, de todas formas yo sigo haciendo todos los días las conexiones, tanto si puedo plasmar como si no.

Con los ejercicios que estoy haciendo, a diario noto con más precisión lo fuerte que estoy, la energía que tengo, la alegría interna que cada día aumenta y que mis órganos son más rápidos buscando el bienestar y mejoran notablemente día a día.

En el transcurso de estos días lo más relevante, aparte de que mi cuerpo mejora, sucedió cuando estaba haciendo una conexión y como casi siempre me quedé traspuesta por unos segundos en los cuales después de haber visto la función que asumen en nuestro cuerpo las células madre, en esos segundos en los cuales me fui a otro lugar, una voz me decía. Las células madre son paquetes de luz observarlos muy bien y pide que estos paquetes de luz que se abran dentro de cada órgano, tanto si percibes o no que esté dañado y que ellas además distribuyan por todo el cuerpo esa luz . Pide que en esos momentos tu conciencia cósmica se unifique conjuntamente con tu conciencia celular. Siguió diciendo que los órganos tienen que recordar la divinidad que palpita ellos y esto se dará unificando conciencia celular con la conciencia del Creador y así será como se irá mostrando la sanación y rejuvenecimiento de todo el sistema en conjunto.

A medida que pasan los días, más me gusta esta conexión con mis sabios y más energía tengo hasta el punto que me despierto a las seis de la mañana totalmente renovada y preparada para hacer una sesión de respiraciones.

Me agrada la forma en cómo se va desarrollando el ajuste en todo mi cuerpo. Todos estos cambios se van dando paulatinamente. Hay que tener en cuenta que estoy practicando hacia obtener una conciencia celular reunificada, armonizada y la colaboración permanente entre mis células y la mente pensadora. Esto me motiva e impregna todo mi cuerpo de paz y de empatía y otra sensación bien linda que tengo y sé perfectamente que en todo momento sigo estando muy cuidada por el maestro Elíhas.

Ahora mismo os puedo enumerar muchos beneficios que se están dando en todos mis órganos, realmente esto lo estoy viviendo como un milagro.

Muchas veces tengo ganas de llamar a mi amigo Juan Carlos García y compartir todos estos milagros que vive mi cuerpo y mi mente día a día, el caso es que él está muy atento a que esta experiencia de sanación y rejuvenecimiento salga adelante, sin embargo me contengo esperando recibir el beneplácito del cielo. El creador por veces no dice nada y otras veces me pide silencio, simplemente lo que hago es experimentar sin compartir con nadie hasta que salga el libro.

Casi siempre, el silencio permite que las cosas no se disuelvan y que con más firmeza salgan adelante. Aquí estoy de nuevo un día más, después de tres días de silencio, hoy no puedo dejar de lado sin anotar lo que he experimentado, pues siento en estos momentos con mucha fuerza que me ponga a compartir en el libro lo que tan buenamente estoy viviendo.

Lo cierto es que cada momento que pasa más conciencia tomo y más me despierto ante el hecho de todos los cambios que estoy viviendo y a medida que pasan los días, más fuerte estoy, recalco mucho lo de estar más fuerte, es que así es y la dicha unida a todo ello, llenar las células de prana, los resultados son de lo más lindo que te puedas esperar, aunque a veces me canse y me duela el cuerpo, cuando hago los ejercicios muy rápidamente se regenera todo.

Sabéis, es la inmensa alegría que vive en mí, esto lo ha cambiado todo, pues ya no se trata de ser feliz por que otros me hagan feliz o cosas que me hagan feliz, si no que es una dicha nacida desde el corazón y que fue emergiendo a medida que más practicaba. Esta práctica sobre la dicha viene desde mucho tiempo atrás solo que ahora está siendo sellada y esto sí que es nacida desde adentro y por cierto ocurra lo que ocurra permanece siempre ahí, adentro en el ser.

Y Lo más lindo es que cada momento es clave y estoy muy atenta a lo que se mueve dentro de mí. Esta noche pasada pedí a mis sabios que rejuveneciesen todo mi cuerpo y que lo sanasen de estos pequeños dolorcillos que tenía y así fue me levanté renovada y mi cuerpo físico más firme, la piel más tersa y no solo eso últimamente estaba teniendo problemillas en dos dedos de mis pies, parecía que estaban sin fuerza y eso sucedía cuando camino mucho y como ya compartí mis pies están muy fuertes, las encías más fuertes, la variz no ha vuelto a molestarme, mi sistema óseo cada día más fuerte y aún sigue fortaleciéndose más y más cada nuevo día.

Queridos hermanos podría seguir así hablándoos de un montón de detalles más, como que mi hombro prácticamente está bien del todo, esta mano de este brazo llevaba años que no la podía apoyar del todo cuando hacía yoga y ahora llevo unos ocho días que se apoya perfectamente, duermo mucho mejor y no solo eso, tengo la costumbre de beber dos vasos de agua antes de dormir y esto hacía que me levantase dos veces en la noche, pues ahora me levanto una y de una manera diferente, mi vejiga está mucho más fuerte, de hecho en mi vejiga, ovarios y útero sentí esos pinchazos que con anterioridad compartí y eso me hizo sentir que algo se estaba sanado y todos estos órganos rejuveneciéndose.

Todo esto lo vivo como un milagro.

Hoy mi Maestro se conectó y me instaba a que compartiera sin esperar más días la información que iba recibiendo. Hoy me hizo reír, me dice, desmelenate y comparte todo lo que vives, no esperes más, que luego pasas por alto detalles, Él sabe que algunas veces soy perezosa y cuando ve que me olvido de él, pronto me envía un SOS y tan pancho se queda. Estos seres toman la vida con mucha calma, pienso que en su sistema galáctico no viven el estrés como aquí en la tierra. Él dice: Queridos, las células madre y conciencia multidimensional de vuestro ADN son las protagonistas de este libro, ellas contienen toda la información que necesitáis para regenerar todo vuestro sistema, sin lugar a dudas tenéis un privilegio enorme de poder vivir en estos momentos estas experiencias únicas que ahora mismo se están dando en este planeta tierra. Las memorias están despertando a una conciencia elevada de sanación y rejuvenecimiento, las alas se abren para que podáis volar muy alto, el antiguo sistema se cae por sí mismo, la revolución cuántica empieza a manifestarse con más éxito, de todo lo que sois capaces, creadores, seres ilimitados, con una conciencia sobrenatural, desarrollando dentro de este campo cuántico todas las memorias de vuestro ADN y sanando desde adentro hacia afuera los traumas y genética que emergen desde el subconsciente. La amplitud, la sabiduría las ganas de experimentar trae para todos vosotros un nuevo amanecer, ser capaces de regeneraros, libres de todo medicamento y ser capaces de rejuveneceros retrocediendo hasta una edad temprana. Nosotros sabemos que en algún momento lo vais a lograr, el ser que escribe este libro, como podéis ver no deja de practicar, el hecho es que con empeño todo se acaba consiguiendo, la función ha comenzado, de vosotros depende sí queréis participar y los que os embarquéis vais a ver con que facilidad se presenta todo, sencillamente ahora es el momento.

Queridos amigos, un nuevo día y éste se presentó súper creativo, después de haber hecho mi meditación matinal con mis adorables sabios y de haber sentido este frescor tan especial que me llega cada vez que este entramado cuántico se conecta, me vino la imagen de Albert Einstein, su más grande cualidad a parte de otras, fue estudiar el universo para ayudar a la humanidad a ver otra realidad que desde aquí desde la mente humana se pueda percibir. Él indagó en el cosmos y el cosmos le habló, la idea de la relatividad, ver la energía desde un punto álgido y ver la transformación del universo como algo multidimensional. El cosmos de afuera es como nuestro cosmos de adentro, el sistema solar, es como nuestro sistema celular, millones de estrellas en el cosmos, millones de células en nuestro cosmos, cuerpo. De ahí toda esta intención de mi alma puesta en recibir información de este cosmos interno mío que son mis células, mis órganos que viven gracias a esta manifestación celular de mi cuerpo. Mi gran reto, el de mi alma, llegar a sentir con precisión gracias a mis sabios la forma de poder ayudar a la humanidad con algo muy sencillo y eficaz unificando este entramado mundo celular con el entramado mundo multidimensional que es nuestra conciencia en expansión, dentro de cada célula y órgano de nuestro cuerpo.

La Conciencia de la Divinidad refleja toda su Luz, en nuestra conciencia.

Mi alma siempre me lleva a lo más sencillo y práctico así que cada día observo este mundo de células de mi cuerpo y les hablo y sin lugar a dudas cada día tengo mejor relación con todas ellas, simplemente que cada vez que me conecto con este mundo interno donde mora mi sabiduría puedo percibir y vivir con más certeza que todo mi sistema celular quiere ser unificado, todas las células necesitan sentir armonía para poder hacer su función con absoluta belleza, es como el horno, tiene que estar caliente para poder modelar el hierro, así mismo nuestros sabios tienen que trabajar unidos para que nuestro sistema de órganos vivan el impulso, de la explosión de luz por todo nuestro sistema, cuerpo. Esto nos lleva a que cada día, o cada unos pocos días podamos conocer mejor a nuestros órganos y familiarizarnos mejor con ellos. Aprender a escucharlos os aseguro que es bonito de verdad **y sanador.**

Una vez viváis este protocolo con calma, con todo el amor del mundo, y viváis la mejoría de vuestros órganos ya os vais dando cuenta de por donde os están llevando vuestros sabios. La fraternidad con nosotros mismos es muy importante, así vivimos en este mar acuoso de líquido dónde nuestra células se regeneran, dónde ellas a través de nuestro pedido se ponen en funcionamiento. Nuestros órganos y nuestras células confluirán, como las estrellas en el universo, todo un mundo interno que nos escucha hasta nuestro más pequeño sentimiento y pensamiento. Una vez más no tengo palabras para dar gracias cada día a todo este universo que me habla con tanta claridad, llevándome a que mi ser interno disfrute cada día de toda esta plenitud, que millones de veces fue soñada por mi alma. Sin lugar a dudas lo que una niña pequeña o niño pueden soñar o anhelar desde su más profundo sentir se cumple.

O simplemente que ya estaba escrito.

Sin duda ahí no hay mente, ni miedo, simplemente el anhelo de un alma que se siente perdida y que quiere encontrar su misión su hogar. Desde muy pequeña muchos fueron los días que mirando para el cielo me preguntaba qué hacía aquí en la tierra, mi corazón de niña no podía entender por qué me sentía tan triste lejos de lo que yo imaginaba era mi hogar y por qué yo estaba en esa situación tan alejada de lo que me imaginaba que se había quedado tan lejos. Hoy puedo entender el por qué de todo este mundo interno mío, un pedacito o un mundo en el cosmos era mio, de mi alma, solo que precisamente mi alma venía a aprender algo muy importante y necesario aquí a este planeta. A confiar en mí, esa la lección primera, luego a confiar en Dios, a sentir con toda certeza que él siempre me cuidaba, luego aprender a amar sin cuestionamientos ni estrecheces, ser auténtica desde la sencillez y aquí estoy siempre atenta a ser más auténtica cada día. El mundo exterior era mi gran enigma, hasta que un día me dí cuenta que dentro de mí había otro mundo por descubrir, por amar, integrar, escucharlo y que a través de la escucha es como puedo entender y llevar a cabo esta labor que tantas veces he soñado. Sí, muchas veces he soñado con el regalo de que, desde algún lugar me llegaría la ayuda para llevar a cabo la labor de poder plasmar todo lo que yo iba experimentando. Compartir el conocimiento, la sabiduría sobre la realización del ser, en forma verídica y experimentada a lo largo de todo un proceso y que es llevado a cabo meticulosamente a lo largo de todo un año. Llevo treinta años de mi vida buscando dentro de mi la forma de como llegar a la sanación total por uno mismo. Mi alma, mi espíritu me fueron guiando por todas las experiencias que un ser humano puede experimentar para que de esta forma yo llegase a vivir mi mundo interno desde una claridad y conocimiento sobre mi misma. Hablar con mis órganos, hablar con mis células y poder sentir con toda precisión como éstas responde y se organizan de tal manera para que todo el sistema se calme y se sane. Siempre he pedido ayuda al cielo y esa ayuda siempre ha llegado, siento que ellos colaboran para que tengamos los ejercicios adecuados con el propósito de que muchas almas encontremos la sanación. Esta sanación auténtica nacida a través de conocernos, desde nuestro interior hacia afuera.

Capítulo Catorce.

Valorarnos es Amarnos.

Sin duda cada día recibimos lecciones que nos dejan meditando muy en lo profundo, hace cuatro días vino a mi consulta una chica, ésta está esperando un bebé, se llama Rocío, cuando ella lea este libro se dará cuenta que estoy hablando de ella. Hablamos de mis libros, le dije que ahora estaba escribiendo uno y a ver si en este libro salía algo muy bueno sobre la sanación y que éste pudiese ayudar a mucha gente. Su contestación fue, Estrella ya estás ayudando a mucha gente, yo contesté, si, si claro es verdad. Observé que vivir el momento, agradecer el momento y sentir que aquí y ahora es lo que cuenta y que esto que hagamos ahora es lo que realmente nos lleva a que lo que nuestra alma sueña se acabe realizando.

Tantas cosas vivimos día a día que parece que no tienen relevancia así a simple vista, esto que uno hace tan discretamente, sin embargo a ojos de otras personas lo ven desde un prisma diferente, dejándome callada y meditativa la respuesta de Rocío. Es bien verdad que a veces no vemos lo que está en la punta de la nariz.

Los ojos puestos en la meta no significa que dejemos de ver el camino. Saborear el día a día nos lleva a la realización de aquello que nuestra alma siente como auténtico. Este lenguaje que la vida nos lee cada día, encontramos que lo más sencillo es lo más auténtico y sin duda nuestra alma siempre nos va ha estar hablando a través de este lenguaje lleno de sencillez, sincero y rico en posibilidades, todas ellas nacidas desde el más auténtico sentimiento, desde nuestra ternura, la ternura del alma, pues esta siempre será inocente y pura. Todas las posibilidades escondidas en nuestro sistema de células, nuestras creencias, nuestros miedos, nuestras verdades, nuestras ternuras y nuestras sanaciones. Todo ello nos transporta con sabiduría, hacia nuestro estado más sublime, hacia esta pureza de sanación perfecta que sin lugar a dudas se da desde este centro celular unido con nuestros sabios.

La más sublime luz está naciendo.

Llevo prácticamente un mes y medio en este código de sanación, esperando día a día que se me dé más información de la que he recibido hasta ahora.

Ayer recibí el mensaje de que siga escribiendo, que siga plasmando lo que me llegue de mi Divino Creador, se ve que no sólo tengo que plasmar los logros en cuanto al rejuvenecimiento de los órganos, o del cuerpo físico en su totalidad, si no que mi creador quiere que sepáis que esto no es un juego de niños ni mucho menos pues son horas y horas que yo empleo para que mis sabios me digan por dónde hay que seguir. Esto de las horas lo hago con una alegría infinita pues cuando me conecto con ellos me siento en el nirvana, siento como todo mi sistema se fortalece y cada día percibo con más claridad que las células de todo mi cuerpo necesitan luz y cómo a través de ésta todos mis órganos se ponen fuertes.

En verdad es un milagro ver como mi cuerpo va cambiando hacia un cuerpo más fuerte, más joven. Sigo compartiendo que todo en mí sigue dando cambios, mis células cada día están más receptivas a escucharme, cuando hablo con ellas veo los resultados de inmediato, también el Hermano Elíhas está ahí muy presente dándome ánimos para que siga con este propósito adelante, el propósito de alcanzar una conciencia eterna, él me abraza desde su corazón compartiendome toda su luz. Sentid pues hermanos míos este abrazo que es para todos desde el corazón del Hermano Elíhas.

Él dice que muchos avances que había en la Atlántida volverán a la conciencia de la humanidad en muy breve tiempo, dice que las memorias kármicas se están sanado y que parte de la humanidad están haciendo un gran trabajo interno, responsabilizándose de sus actos y entregándose a vivir el amor sublime libre de juicios, que aunque no lo veamos así a simple vista la energía de la transformación interna está eclosionando por todo el planeta.

El Maestro envía ruedas de sabiduría y de luz hacia este libro y hacia todos nosotros.

De nuevo me repite que las memorias de la Atlántida emergen y que muchos de nosotros recordaremos los códigos de nuestro ADN, que este despertar se está activando y que todos vamos a sentir y ver como la luz del gran sol central es una con nosotros, a medida que vuestro campo celular se limpie, el campo de luz se alarga tomando con facilidad conexión con el Gran Sol Central. Queridas tal es la dicha de poder vivir estos avances, con la convicción y sentimiento de que esto se está dando a todos lo seres que aman dentro de sus corazones este cambio.

Quizá el misterio de la vida, no sea tal, sino que en todo momento creamos o no la vida nos mueve a su antojo, lo que parece un misterio deja de serlo cuando abrimos las compuertas y dejamos pasar lo que creemos u observamos como un misterio. Tal hecho reside en nuestros juicios sobre la vida en su totalidad, en verdad sabemos muy poco de todo. La principal función será saber sobre nosotros mismos, conocernos, saber quienes somos y luego lo que está oculto y olvidado emergerá para que veamos los tesoros con los cuáles podemos interactuar y disfrutar de toda esa belleza que se nos muestre.

Y mientras tanto cuando las cosas no son como tenemos previsto debido al juicio de lo que esperamos, precisamente eso mismo que enjuiciamos es lo que seguimos teniendo y ahí está la cuestión no sabemos quienes somos. Sólo que, todo es lindo en sí y todo tiene su premio.

La verdad que cuando leo alguna noticia sobre cosas llamadas sobrenaturales y sobre otras muchas cosa que no están comprobadas por las mentes científicas, todo son conjeturas, dudas y atropellos sobre lo que realmente forma la energía que lo transforma todo, la energía del creador, la energía que lo tiene todo escrito hasta nuestro mismo nombre. Por qué entonces la humanidad duda de algo tan reparador, tan sanador, tan beneficioso para nuestro corazón, nuestra propia vida. El Creador actúa sin ser visto sólo nos deja ver su esencia a través del corazón y cuando abrimos los ojos para ver que sin esta energía nos ahogaríamos, tal como si estuviésemos viviendo dentro de una gran bolsa de plástico.

El Creador toma forma desde dentro hacia fuera. Por suerte tanto para la humanidad como para nuestro planeta, muchos seres estamos tomando conciencia de que estar a medio gas o aún menos eso no es vivir, desde luego no es lo que nuestro Creador diseñó para toda la entera humanidad, hasta la jaula más dolorosa es cómoda para mucha gente, sin embargo no pongo en duda que cada ser humano quiera o no estamos eligiendo dentro de un abanico de posibilidades y que todas ellas nos llevarán de vuelta a nuestro hogar. Saber elegir a través de la alegría y el amor será con lo que nos topemos todos al final y entregarnos, rendidos al desapego, si en verdad queremos y anhelamos ser libres.

Los que aquí en la tierra, estamos conscientes de dar este cambio, de escuchar, de seguir los impulsos del corazón, somos los extraterrestres más confiados, en que el Creador diseñó un universo infinito, con tantas posibilidades como podamos imaginarnos. Estas cualidades que puede contener una mente multidimensional son totalmente bendecidas por nuestro Creador, pues en él está todo contenido. Sólo es requerido, asumir y vivir dentro de una libertad amorosa sin juicios, pues lo que hoy puede resultar extraño y una locura, mañana nos llama a la puerta y nos habla infinitos lenguajes dentro de un contexto de amor y bendiciones, que estaban ocultos a nuestros ojos. Sin embargo todo está creado desde el mismo momento en que la creación tomó de la mano a nuestro Creador y dentro de esta conciencia vivimos desarrollando nuestra facultades hasta que aceptemos totalmente que somos chispas de luz en continuo crecimiento y al mismo tiempo aceptando con confianza que nada sabemos sobre cómo va a ser mañana, o simplemente dentro de un solo segundo.

De nuevo hermanos míos, el experimento sigue y valga la redundancia cada día sigo haciendo mis respiraciones y mis conexiones con mis tres Divinos. Como veréis no tengo idea de a dónde me va a llevar esto, solo sé que cada día sigo un poquito más fuerte y que mi cuerpo está sanando órganos.

Todo sigue en marcha y dispuesta a seguir día a día la práctica y esperando que mis tres sabios me den una sorpresa, bueno la sorpresa ya es este mejoramiento diario.

Y vaya que buena toda esta experiencia.

Sigo compartiendo con vosotros que me siento muy bien, pues estoy todos los días esperando que llegue mi momento para conectarme y disfrutar conscientemente de toda la paz que este hecho me aporta. Estoy aprendiendo a no tener prisa, a dejar que todo se dé por sí solo, por lo menos descanso en este sentir, pues ya todo está escrito y día a día se va revelando. Lo que más me voy dando cuenta es que una vez hago la conexión puedo hablar con mis órganos y me sorprende agradablemente lo rápido que me escuchan. La fuerza de la luz sigue creciendo y haciéndose cada día más visible para mí, pues a mayor limpieza de todo el aura, más luz siento y percibo en mi campo.

Queridos hermanos del alma y del camino, después de unos días de parón, vuelvo de nuevo a plasmar lo que cada día me aportan mis experimentos respiratorios y lo que me cuentan mis tres sabios. Hace más menos cuatro días, como cada día me puse con mi introspección y en este escucharme sentí que había que dar un cambio de alguna manera, pues el progreso lo requería y así fue como pedí a mi creador que me diese una señal de cómo seguir, pues yo sentía en esos momentos que había dado pasos, ya había conseguido mucho, sólo que ahora parecía que había que dar un paso más. Con lo cual hice esta pregunta, Amado Creador Divino, dame una señal de por dónde tengo que seguir, ¿Hay algún paso que yo tenga que dar? Si es así, por favor muéstramelo. En muy poco tiempo, en minutos me llegó la imagen del corazón, mi Divino creador me decía que tenía que seguir indagando por el órgano corazón. Y así fue como me conecté con mi corazón y hablé con él. Siempre escuché que el corazón no duele, yo sentí dolor, bastante dolor, le hablé le acaricie y lo visualicé repartiendo la sangre por todo el cuerpo, más o menos con estos experimentos suelo estar de diez a quince minutos, respirando y sintiendo como la sangre fluía a través de todos mis órganos uno a uno. A partir de aquí puedo decir que al día siguiente cuando me levanté mi cara estaba más expandida, parecía otra, mi cuerpo y mi piel experimentaron un gran cambio. Puedo seguir confirmándoos que los lunares y manchas en la piel de cuatro partes queda una, todo en sí está rejuveneciéndose muy rápidamente, en verdad una vez más quiero compartir que estoy viviendo un milagro. Soy consciente de lo que falta, sólo que también me doy cuenta que prácticamente llevo cinco meses que he empezado y es mucho lo que he conseguido. Y tengo presente en todo momento que sin la ayuda de mi Creador no hubiese podido hacer todo este trabajo interno.

Hoy por la tarde me senté de nuevo para hacer las respiraciones y como todos los días, pedí a mis tres sabios su ayuda, llevaba unos minutos de práctica cuando sentí y tuve la visión de la unión de la luz de todos los telómeros, entre ellos unían toda su luz y en esta unión experimenté por todo mi cuerpo, la unión crística, todos mis telómeros compartían su luz unos con otros y al mismo tiempo mi corazón estaba en expansión, muy linda esta experiencia, muy rejuvenecedora. Siento que todo va muy rápido, que la verdad esto me gusta y que todos los momentos que dedico a la obra son momentos muy mágicos y que me suponen un deleite. Preparaos pues para disfrutar a tope.

Día dos de octubre, después de siete meses de

prácticas y de estar parada un poco de tiempo con la escritura soy consciente de todos mis progresos hasta este día. Voy a ver si hoy mi Creador me ayuda para poder compartir la mayor parte de mis experiencias que viví durante este tiempo.

Como ya sabemos todo absolutamente está programado desde nuestra divinidad para que todo se dé en la forma correcta, muchas veces quise escribir durante estos meses y no pude, sin embargo si me dediqué exhaustivamente a la práctica de los ejercicios. Cuando empecé a escribir este libro no tenía idea de por dónde me iba a llevar todo este experimento, sólo tenía la certeza de que iba a ser ayudada para lograr todo lo que llevaba tanto tiempo anhelado poder hacer, para compartirlo y poder ayudar, en verdad mi interior estaba esperando una señal.

 Cuando comencé con los ejercicios, los primeros días me conectaba con mi Creador, buenamente un día surgió la necesidad de ponerme a respirar, así que a partir de este día tan glorioso me puse a hacer respiraciones diarias, tres veces al día, cien respiraciones seguidas en cada ejercicio simplemente y sencillamente tengo que compartir por si os asusta, que desde el primer momento de las respiraciones todo fue cambiando. El primer impulso que tomó mi cuerpo fue bostezar y estirarse. Día a día ocurría algo nuevo, pronto me dí cuenta que cuando algún órgano de mi cuerpo se equilibraba me daban grandes pinchazos, esto no es algo que no se pueda aguantar, todo lo contrario, pues éstos son fuertes y fugaces. **Y sabes que te estás sanando.**

 Los primeros pinchazos los noté en los órganos femeninos, luego en las cóncavas de las rodillas y así sucesivamente por casi todo el cuerpo, en el último mes de agosto he tenido bastantes pinchazos y fuertes en la parte de delante del dedo pulgar de mis pies. Esa zona del dedo pulgar es el reflejo del tálamo y del hipotálamo, me llamó enormemente la atención y quise averiguar qué representa el tálamo en nuestro cuerpo, qué función le corresponde y curiosamente representa la toma de consciencia el aquí y el ahora y eso precisamente es lo que mediante la respiración y la conexión con El Creador se va haciendo cada vez más presente. Después de ocho meses de práctica comparto con gran alegría que estos ejercicios son una bendición y que en absoluto cuesta nada hacerlos. Otro milagro importante es que tanto mis uñas de los pies como de las manos se han aligerado y fortalecido, mis pies están perfectos y fuertes. No me canso de repetiros que desde el primer momento que he empezado las conexiones y respiraciones está siendo una bendición y algo tan gustoso que el cuerpo lo pide y lo disfruta. El Creador tiene tanto que compartir con nosotros, Él es la fuente inagotable a la que siempre podemos acceder y en ningún momento seremos ni rechazados ni juzgados, su amor y cuidados son el Orbe maestro, la plantilla Maestra dentro de nuestra conciencia, pensad que cuando elevamos nuestra conciencia para pensar en Él toda nuestra energía es transformada, simplemente el hecho de elevar nuestra conciencia está permitiendo que la vibración cuántica del Creador se haga una con la nuestra, de esta forma la memoria de nuestro sistema celular se activa ofreciéndonos la oportunidad de vivir la memoria crística dentro de nuestros corazones. La memoria crística se presenta como la dicha más absoluta, quedándose ahí plasmada en todo nuestro sistema, el Campo, y esta memoria hay que vivirla cuanto más a menudo mejor, pues a medida que se implanta esta dicha absoluta, todo lo que causa dolor, pena, miedos, en una palabra, todo lo que nos esté distorsionando se irá transformando, pues tal poder y belleza tiene que vivir en la dicha crística.

Como ya os llevo compartiendo y no me canso de repetirlo, mi cuerpo ha dado bastantes cambios estoy muy fuerte mentalmente,con lo cual el desapego se da con mucha más facilidad y menos sufrimiento pues las células están pletóricas de prana. Y lo físico va de la mano, pues cada día se genera mucha alegría interna, esa es la parte espiritual, pues como no, no podía ser de otra forma el espíritu brilla.

Lo más significativo de mis progresos son: Despierto mucho más temprano, descansada y llena de energía, mis pies están más fuertes y los dedos más separados y largos, mi brazo izquierdo prácticamente está perfecto, mis huesos más fuertes y mi piel mejoró un setenta por ciento, incluso tres lunares dudosos que de vez en cuando me picaban se fueron. Podría seguir enumerando y creo que no es necesario pues cuando practiquéis estos sencillos ejercicios os daréis cuenta de todos los benéficos que recibirá vuestro cuerpo. En verdad que yo no tengo palabras para transmitir tanta bendición. La respiración es la que limpia todo el estrés acumulado en el cuerpo, las células se alimentan de este prana coronando así la retroalimentación en todos los cuerpos. Os comparto que hay días que siento la necesidad de respirar una hora seguida, la verdad que no miro el tiempo, cuando mi cuerpo me pide respiración extra, me dejo escuchar. Al mismo tiempo el diálogo con nuestros sabios nos lleva a la magia interna que nos sigue sanando, equilibrando y nos vuelve a llevar a esa conciencia y contacto de cuando éramos bebés, así que hermanos, esto es un comienzo para volver a ser un cuerpo sano respirando. Los beneficios son cuantitativos y unida la respiración con la conexión consciente con nuestro creador hallaremos el Santo Grial al completo.

Capítulo Quince.

Creador, Función de Células telómeros y Maestros Ascendidos.

Hasta ahora os compartí mi progreso físico, ahora os voy a compartir mi progreso espiritual. Éste se fue originando mediante la conexión con el Creador, la parte celular y la parte de los telómeros. Después de siete meses de prácticas respiratorias y de conexión con el creador mediante la práctica de la meditación, he pasado muchas horas implicada en estas prácticas, consciente de que un día no sabía cuando se iba a producir el milagro y así ha sido. Ayer por la noche y como a diario, lo primero, me hago mis doscientas respiraciones, súper a gusto, luego me incorporo y me siento con la espalda recta y también en cada práctica lo que hago es juntar las palmas de lo pies, esta forma surgió desde un principio, me imagino que es, para que la energía circule por todo alrededor del cuerpo y al mismo tiempo las manos unidas una dentro de la otra por el pulgar. Así en esta postura práctico tres veces al día.

Ayer cuando practicaba una nueva conexión con el Creador, hablé con Él como siempre lo hago y cuando estaba conectada al sistema celular me fui al núcleo de las células, estando ahí sentí una conexión muy fuerte con la conciencia de este núcleo celular y éstas me enviaron la imagen de mis telómeros en el momento en que yo estaba naciendo, ahí experimenté una profunda conexión entre el núcleo de mis células y el alma de mis telómeros aún unida al campo cuántico, esta conciencia se expandía hacia el campo cuántico de toda la creación y así en esta conexión cuántica viví lo que siento como sanación profunda, una expansión dada a través de la unión del núcleo del alma aún unida al campo cuántico justo cuando estaba aterrizando en este planeta. Este ha sido y está siendo un precioso regalo concedido desde el Creador a mi conciencia cuántica, siento que algo muy importante ha sucedido, siento que es una sanación global de todo mi sistema, a partir de estos momentos ya nada sería igual, hoy de nuevo lo he vuelto a repetir dos veces y es bonito de verdad sentir esta conexión con la conciencia ilimitada y esplendorosa luz.

Hacia ahí se encamina todo. Luz crística, luz cristalina. Un recordatorio de lo que es nuestro auténtico ser.

Las células emiten luz, y en el momento que esto acontecía yo veía y sentía que todo mi cuerpo era luz y esta estaba unida el campo cuántico. En la meditación, conexión del mediodía de hoy tuve la imagen de estar dentro de una Mercaba, de nuevo la luz salía en conexión con el campo cuántico. Comparto que hoy he visto, que la magia del Maestro de Luz Saint Germain estaba con el Mercaba. Infinitas gracias a todos estos seres de luz por toda su ayuda para la elevación y expansión de nuestra conciencia, Él sabe aunque aquí en este libro no lo esté expresando, toda la gratitud que siento por toda la capacidad y visión que me comparte día a día. Tenemos que saber y sentir que todos sin excepción somos poseedores de toda la magia y sabiduría necesarias para invocar a nuestros maestros y recibir su apoyo incondicional. Simplemente tener constancia y mucho amor para que ellos nos rocíen con su néctar cósmico de Maestros Ascendidos y así con toda esa bendición nos ayudarán a desterrar la ignorancia que nos mantiene apartados de estos grandes seres y de sus grandes regalos.

Sus bendiciones no tienen límites.

Capítulo Dieciséis.

Juicios y miedos.

De nuevo vuelvo a esta expansión de conciencia recibida ayer y comparto que este campo cuántico unificado es un manifiesto de la meditación y conversación diaria con mi ADN. Todo entre sí unido dentro del gran Mercaba. Todas estas visiones, sensaciones y sentimientos me hacen sentir tanto amor y gratitud dentro de mi que no hay palabras. Como veréis aún no sé lo que me espera vivir en este proceso de sanación y rejuvenecimiento total de todo mi cuerpo físico, hasta ahora hubo un poco de todo, estos últimos días de prácticas cuando hacía las respiraciones parecía que me pinchaban el cuerpo con cientos de minúsculas agujas, no os asustéis, estos fueron pinchazos suaves, solo que muchos al mismo tiempo. A mi esto me congratula pues siento que todo mi cuerpo está regenerándose, es muy bonito todo este proceso, en realidad es un regalo para todos. Sigo cada día en este proceso creativo que tanto me llena y que cada día de práctica experimento más armonía interna, las respiraciones van elevando poco a poco mi estado vibratorio y así se eleva y brilla más ligero mi cuerpo de luz. Esta profunda conexión se acrecienta cada día con el propósito de que todo el cuerpo se libere de memorias antiguas y lo hace mediante infinidad de bostezos y prolongados estiramientos, incluso cuando llegan los bostezos también llega una liberación mediante un impulso de aire como cuando vemos en las películas a un dragón echando fuego por su boca, es todo tan intenso y tan liberador, que el gran milagro se da diariamente mediante la práctica. Así que queridos hermanos de este camino de amor, liberación, crecimiento, sanación, os digo que persistiendo sin prisa, sin pausa todos en absoluto lo conseguimos. Desde el sentir de mi alma y estoy segura que desde el sentir del alma de muchos que lean y experimenten estos ejercicios os daréis cuenta de que llevamos muchas vidas preparándonos para vivir este regalo. Es importante que dejéis atrás el efecto tiempo y estoy segura que a medida que practiquéis las respiraciones, el efecto tiempo dejará de tener importancia en vuestra psique. **Sentid este campo cuántico rodeándoos.**

La práctica de la respiración más la conexión con los tres sabios, Creador, células, telómeros y CM harán posible que muchas cosas cambien en vuestro cuerpo físico, mental y emocional, estas prácticas os llevaran a un asentamiento profundo en la mente y esto lo iréis notando poco a poco dándoos cuenta de que la mente empieza a ir más lenta y que sois capaces de daros cuenta de cómo salen a la luz toda clase de apegos de miedos, juicios y traumas de infancia. Todo ello es debido al beneficio de llevar el prana por todas vuestras células, desbloqueando así todo lo olvidado y que se mantiene escondido por nuestros bloqueos, en parte debido al habernos olvidado de seguir respirando como lo hacíamos cuando éramos bebés y niños felices en un mundo lleno de amor en el cual vivíamos. Yo tenía mi mundo lleno con todos mis hermanos y mis bosques, hasta que llegaron los sentimientos de carencia y ahí ya me olvidé de mi magia.

 Esto es lo que en cada momento nos entretiene y por ello olvidamos quienes somos y en ese momento en que enjuiciamos lo que vemos, hemos caído en la trampa del ego. Mientras estamos afuera enjuiciando lo mal o difícil que es todo olvidándonos de respirar, en ese mismo momento estamos permitiendo que entren los miedos, cuando entran los miedos ya no sabemos quienes somos y ya estamos desconectándonos de nuestro ser, de nuestra sabiduría y esta esencia pura que es nuestra alma, se va cubriendo de todos los engaños, proyecciones que nos llegan de afuera, de esta manera a nuestro cuerpo poco a poco le falta la vida. **El aire.**

Si ese aliento de vida tan esencial para que nuestro cuerpo esté sano nos falta es porque hemos olvidado respirar y hemos olvidado que somos hijos de Dios perfectos hechos a su imagen y semejanza. Por lo cual hemos olvidado que tenemos suficientes poderes dentro de cada uno para cambiar todo lo que no funciona en nuestro cuerpo y en nuestras cosas y asuntos. Sencillamente sólo se trata de tomar las riendas de nuestra divinidad y cultivar dentro de nuestro corazón la perla olvidada de todo el amor que somos y que solo con pensar en ello ya estamos dando un cambio en nuestra conciencia.

Por ello gracias, siempre gracias.

Primeramente el amor y el prana nos tiene que llenar a nosotros y cuando llegue el momento oportuno trascenderá hacia fuera, esta es la fuente de vida que todos vais a cultivar mediante estas prácticas. Recordad que para que algo sea verdaderamente fuerte y se fije en nuestro sistema celular tenemos que implicarnos cada día tal como lo explicaré más adelante. En estas prácticas diarias que estoy muy segura de que a todos os van a encantar, pues desde el principio notaréis una notable mejoría, sanación y rejuvenecimiento de todo vuestro cuerpo.

Veréis como todo lo negativo se va a ir paulatinamente de vuestra cabeza a medida que practiquéis.

Como ya sabemos la sabiduría Divina es infinita y día a día vamos a pedir que esta sabiduría que es el Creador en nuestro cuerpo pues somos semejantes a Dios, vamos a pedir con devoción a esta conciencia crística en nuestras células a todo nuestro sistema que se rejuvenezca. Y desde la infinita sabiduría de Dios que yo soy, te pido cuerpo mío que te sanes y rejuvenezcas ahora mismo para el más alto bien mío y de los que están a mi alrededor y estoy perfecta en mi sabiduría. El anclaje de esta esencia divina tiene que darse en toda nuestra conciencia celular para que nuestras células puedan bailar, reírse, amarse y hacer el amor, tenemos que tomar plena conciencia de que ellas son nuestra propia conciencia, nuestros pensamientos, nuestras emociones, así que queridos hermanos el hacernos plenamente conscientes de lo que pensamos de nosotros aportará gran sanación a todo nuestro cuerpo.

No entréis para nada en ningún tipo de duda, de lucha o miedo, no deis ese poder por más tiempo a vuestro ego, simplemente recordad que lo que queremos conseguir lo vamos a conseguir con suma facilidad. Creo que en algún momento he compartido que en todo lo que concierne a mi alma y a mi mundo soy muy práctica y sencilla, vivo el momento dándome a mí misma lo mejor y para mi lo mejor es no complicarme la vida con nada.

Esta frase de Jesús, de que, para entrar en el reino de los cielos hay que ser como niños de nuevo, me quedó muy grabado, cuando me di cuenta que me complicaba la vida por todo. Es fantástico verdad, cuando uno despierta, la mente hace click y todos los pilares que teníamos montados se nos desmoronan. Queridos míos no sigamos dando más lucha a toda esa vida que se nos muestra afuera, reconciliemonos pues y parémonos a discernir qué es lo que verdaderamente nos llena de bienestar y belleza, tal cual, si así es belleza, si no observad cuando fluimos verdaderamente con todas nuestras ganas somos más hermosos, esta hermosura proveniente de nuestra fuente, de la magnitud del Creador infinito donde no hay nada que no sea belleza y dicha. El acuerdo de nuestra alma para con nuestra ascensión es necesario que sea cumplido, así que con todo nuestro ímpetu y cariño vamos a ponernos en marcha con seriedad y determinación para que todo el lenguaje y amor que Jesús nos vino a transmitir de nuevo salga de nuestro subconsciente para afuera. En este tiempo es menester que seamos transmisores de amor y sabiduría que tanto Él como la hueste de Maestros Ascendidos nos han dejado como Legado. Ser transmisores de amor y de sanación es algo que urgentemente necesita la humanidad que aún de momento está dormida, así que nos corresponde a nosotros prepararnos a conciencia para poder dar lo mejor, de acuerdo al plan establecido. El sistema oscuro tiene que caerse y se caerá cuando los que hemos venido para hacer circular la conciencia ilimitada del Dios que somos, por todo el planeta hagamos brillar sin límites el Sol de nuestros corazones por el impulso magnético de nuestra conciencia celular, sabiendo realmente quienes somos y cuál es nuestra labor. La mente consciente sabia, tiene que educar a la mente subconsciente, a esta mente que va sola y para ello la meditación es clave, las respiraciones son clave pues cuando respiramos estamos volviendo de nuevo a la matriz de perfección en la cual está la dicha olvidada y ésta tan pronto como empecemos de nuevo a respirar en vez de temer, confiaremos y todo nuestro sistema se recoloca de nuevo y de pronto todos nuestros órganos empiezan a vivir el estado de consciencia necesario, para que éstos de nuevo, vuelvan a ser jóvenes y dinámicos. Queridos hermanos sintámonos alegres y dispuestos para que la fuerza ilimitada de luz brille cada día más a través de nuestros cuerpos. A medida que practiquéis estos ejercicios os iréis dando más cuenta que cada día os hacéis más luminosos, hasta que llegue el día que vuestra luz se va a manifestar con todo fulgor, vuestros centros se unirán en dicha completa. Quiero que sepáis que no os estoy contando un cuento, lo que aquí transmito lo estoy viviendo ahora mismo, después de ocho meses de prácticas respiratorias y conexión con el Creador.

La conexión con el Creador es la meditación.

Desde un principio supe que iba a conseguir este estado ligero y clarificador, digo clarificador porque durante el proceso muchas iniciaciones he vivido y en mí se han sanado muchas cosas, todo mi cuerpo se ha reestructurado y sanado. Y a todo esto, está añadido, todo el progreso espiritual que al mismo tiempo se me fue dando.

Capítulo diecisiete.

El tercer ojo ve.

Hoy después de hacer mis consecuentes respiraciones me incorporé y me puse a conectarme con El Creador, a medida que iba dando mis pasos más profunda conexión sentía, cuando de pronto apareció en mi entrecejo la figura de un ojo, es la primera vez que conscientemente vivo esta experiencia, primeramente me quedé observando a ver qué pasaba con esta imagen, esta se diluyó quise provocar verla de nuevo y no me fue posible, rápidamente me dí cuenta que eso era mi ego, así que sentí que si de nuevo tenía que ocurrir que lo hiciese y así fue, volvió de nuevo la imagen de un ojo muy bonito, parecido a mis ojos, hago paréntesis, es que mis ojos me gustan mucho. Este ojo estaba en el entrecejo y en esta zona sentía una leve sensación de movimiento interno más adentro de los tejidos, este movimiento no es la primera vez que lo siento. Es una sensación preciosa ver este ojo ahí abierto tan grande y fulgurante, este es un precioso regalo, es la recompensa dada desde la presencia Yo Soy por todo mi empeño en transformar en belleza y dicha todas mis experiencias diarias.

En estos últimos días, puse todo mi empeño en transformar en luz los remanentes que quedaban después de tantos años de estar llevando a la práctica, sentir el amor incondicional desde mi corazón.

Amor incondicional, amor divino.

Los últimos ocho meses han sido de lo más revelador y facilitador en cuanto a lograr lo que tanto tiempo llevaba esperando. Hoy el veintiuno de octubre como cada día me desperté temprano, así que como cada día desde hace ocho meses me puse a hacer las respiraciones que tanto bienestar me proporcionan, hace ocho días más o menos empecé a respirar llenando el abdomen y llevándolo al cerebro y luego lo voy soltando poco a poco, explico esto porque llevo ocho meses respirando de otra forma que luego explicaré detalladamente, cuando terminé de hacer las respiraciones me senté para conectarme con el Creador y sutilmente pasó por el filtro de mi mente subconsciente un pensamiento a mi mente concreta y ahí fue cuando lo pillé, tuve un pensamiento de intolerancia, sutil, pequeño, sin embargo fue una bomba para mi cuerpo pues de inmediato empecé a sudar y la variz que ahora mismo está por la mitad de lo que estaba cuando empecé con estos ejercicios, se alteró totalmente abultándose y con mucho calor. Esto para mí es un milagro pues he podido darme cuenta del pensamiento que me daña la circulación, intolerancia, resentimiento, apretar el corazón ante el hecho de que algo que está sucediendo de una manera que mi mente no acepta me cause irritación y se me altere el corazón. Esto es algo muy antiguo y no pertenece al grupo de órganos que se sanaron sólo con el prana y la meditación. Entiendo que la sangre, los huesos y la piel son los cimientos, las memorias que están muy guardadas y que por mediación de estos ejercicios van a ir emergiendo. Estas memorias escondidas tienen que salir al consciente y poder sanarlo. Me siento ecuánime y al mismo tiempo dichosa de poder compartir algo tan importante y que pueda ayudar a muchas almas. La sanación de uno mismo va más allá de toda ambición humana, pues a medida que nos sanamos integramos dentro de nosotros valores olvidados, formas de comportamiento que a veces ni pensamos en ello, sólo que al mismo tiempo que nos dañamos estamos dañando a otros. La intención que día a día pongamos en sanar nuestro cuerpo, es una memoria nueva que cada día de práctica se va insertando, plasmando en nuestro sistema celular. Esa memoria irá trayendo a la superficie de nuestro consciente la traba, el trauma que se originó en un momento ya lejano en años, muy posible en nuestra niñez o kármico antiguo ya familiar y que por ende está impreso en nuestra genética. La práctica diaria te va a cambiar la forma de cómo vivías las circunstancias de tu vida, de cómo te vives a ti misma. Día a día, te vas a enamorar de tu cuerpo, te vas a enamorar de ti mismo es tal la belleza que se va a ir mostrando en ti que la dicha te va a salir por todas partes y la magia entrará a raudales en toda tu vida.

La visión del tercer ojo ayudando.

Capítulo Dieciocho.

Formas de protección.

Tengo que compartiros que a veces estoy muy despistada y pasan días que no pienso en los Maestros Ascendidos, esta semana tomé conciencia e hice bastantes decretos a la presencia Yo Soy. Un decreto bellísimo que es dedicado al gran Sol Central, este es. YO SOY LA PUERTA ABIERTA QUE NINGÚN HOMBRE PUEDE CERRAR. YO SOY LA LUZ QUE ILUMINA A TODO HOMBRE QUE VIENE AL MUNDO. YO SOY LA LUZ, LA VERDAD Y LA VIDA. Si os animáis a decir cada mañana esos decretos veréis que sin dilación el Maestro Jesús aparecerá en vuestra imagen, en vuestro corazón, pues Él siempre está muy cercano a nosotros, es tal su radiación que abarca todas nuestras mentes llenándolas de luz, si así lo pedimos. Tampoco me olvido de Saint Germain, el gran alquimista y disolvente de toda discordia, esa discordia que a veces no nos damos cuenta que nos viene de afuera, solo que mientras no estamos conscientes, se nos pasa por alto que el malestar que muchas veces sentimos lo vivimos como algo nuestro y para nada es así. Voy a compartir una situación que durante mucho tiempo viví en propia persona y que me hizo sacar de mi lo inimaginable para protegerme de una mente de un ser que obsesionado por mi, me hacía llegar lo tremendo de su enfermedad. Este con su deseo obsesivo pasaba a través de mi campo de luz, y me hacía daño, pues remarco que cuando una persona está tan en el astral (cuerpo del deseo) y es obsesivo te puede hacer daño, después de dos años y medio de estar viviendo esta situación decidí meditar más a menudo y con ello elevar mi vibración. Aquí dí un gran salto en mi camino al elevar mi conciencia y con ello conseguí que esta energía de este ser no me llegase. Pasado un año me lo encontré y al verme volvió a la obsesión e intentó de nuevo entrar en mi campo, solo que de esta vez lo noté perfectamente y de inmediato usé la llama violeta, la llama azul y la dorada y conseguí mantenerlo alejado de mi campo, con esto y todo lo volvió a intentar durante ocho días o más, en los cuales me mantuve muy alerta y cada vez que notaba su energía yo usaba la magia de las llamas y de momento usé un espejo de luz azul, así que cuando noto que quiere entrar en mi campo visualizo un espejo azul a mi alrededor y la llama violeta. Para mi sigue siendo una gran prueba pues cada vez que me lo encuentro entra en la obsesión. Os recomiendo buscar en google la información sobre las larvas astrales y así tendréis más información, que os puede ayudar.

 Comparto esta experiencia de mi camino para que os deis cuenta de que, la energía de las personas puede entrar en nuestro campo y luego no sabemos por qué estamos mal, así que, cada vez que notéis que vuestra vibración cambia de inmediato visualizaros rodeados de la llama violeta luego de la azul y dorada y ya veréis como en un par de minutos volvéis a estar en perfecta armonía, si con esto no os llega, buscáis más estrategias para la protección. Esta situación en mi vida no es la primera vez que ocurre y seguramente no será la última pues con ello aprendo a utilizar los dones tan espléndidos que nuestros Maestros y Arcángeles nos enseñan y regalan cada día. Es simplemente poner en marcha la acción y salir de nuestro letargo, de nuestro ensueño, cuanto más usemos la conciencia plena centrada en la luz, más sabiduría y conciencia pura vamos obteniendo. Cuanto más usemos la alquimia sagrada para ampliar nuestra conciencia, más regalos vamos a vivir procedentes del campo multidimensional y de la mano de la Magna Presencia, uniendo tu tercer ojo con el tercer ojo de la Presencia del Yo Soy, este ojo será activado y reorganizado para que veas desde la profundidad los nuevos estados del Ser. El ver más allá, es ver con más claridad todos nuestros procesos de soltar a través del amor lo que el ego nos mostraba como algo natural. Creencias, juicios sin fundamento, mientras creemos en algo lo estamos haciendo real, para salir de este modo mental off tenemos que observar con detenimiento nuestras circunstancias que se repiten y cuando experimentemos esa clara imagen de la sombra que se nos repite, desde ese momento vamos a llenar nuestra mente y emociones por un estado nuevo, pues por ejemplo si durante mucho tiempo estoy dándole vida a que me duele la garganta, desde este momento mismo voy a crear un estado nuevo, mi garganta está perfecta, cada día me encuentro mejor, cada día me expreso mejor y así sucesivamente con todo, ahora bien, también os digo que tan pronto empecéis a hacer los ejercicios de este libro poco quedará en vuestro cuerpo que no mejore, así que luego pasaréis a la acción con las creencias y juicios sobre vuestra familia, vuestro trabajo, ojo con lo que pensamos sobre los demás, sobre la vida, pues eso estaremos atrayendo. Sencillamente mientras respiramos y pedimos a nuestro creador, durante todo este proceso se irá dando una alquimia nueva, un nuevo y más profundo estado del ser. Cuando lleguéis al año de prácticas todo tiene que haber cambiado y recordar en todo momento que estáis protegidos, muy escuchados y asistidos, poned en marcha vuestros sentidos cuánticos y observaréis como vuestra capacidad sensorial recibe información de canales que antes estaban atorados por falta de motivación, por falta de prana y de conexión con El Creador.

Capítulo diecinueve.

Iluminar

Palabra clave, discernir con amor, sin añadidos.
Mediante el poder que vamos adquiriendo cada vez que profundizamos en nuestro ser, más rápida es nuestra elevación, más luz irradiamos y así poco a poco nos convertimos en espíritus brillantes, gran requisito para cuando llegue el momento de nuestra ascensión, al igual que Sidharta Gautama y muchos otros Seres ascendidos.

 Queridos hermanos después de ocho meses llenándome con la práctica de infinitas respiraciones, comprobé una vez más y con mucha certeza durante toda esta semana mientras hacía los ejercicios, que para que la mente se pare y sintamos con claridad nuestros miedos y conflictos emocionales es imprescindible aquietar la mente y templar el corazón, la serenidad desde adentro siempre nos guiará hacia buen puerto, hacia decisiones sabias. Bueno pues debido a todo este tiempo dedicado a la respiración y meditación como ya os comenté, la pasada semana vi con asombro mi tercer ojo luminoso y precioso. Como de costumbre en el día a día estoy siguiendo con la práctica, esta práctica que tanto bienestar me proporciona y desde ese día cuando estoy en pleno ejercicio y con bastante frecuencia me viene de nuevo la imagen de este precioso ojo. Al cabo de seis días más o menos recibí la inspiración Budica, la luz de mi tercer ojo se intensificaba y con ello mi visión de iluminación para el planeta y mi entrada con toda naturalidad en el campo cuántico. Es como una ventana que se abre y que simplemente no hay nada que hacer solamente caminar a través de ella, de la luz. Sencillamente es como si traspasaras de una realidad a otra realidad del campo multidimensional. Las esferas de luz se multiplican, es que en verdad todo es luz. Quiero compartir con todas que a los pocos días de haber tenido esta visión, tuve un sueño, en el cual soñaba que tenía una mancha en la frente, mi tercer ojo y que la mitad de la mancha estaba más oscura que la otra, en el sueño la observo y decido que la voy a limpiar con mis dedos y eso hice la limpié, en el sueño sabía que algo antiguo estaba limpiando.

Somos un campo cuántico de luz.

Sorprendida estoy y no dejo de sentir inmensa gratitud en cómo todo viene dado con tanta naturalidad. En verdad lo que yo sentía y anhelaba desde hace años era que algún día surgiera un libro con prácticas sencillas para que la humanidad tenga un referente con el cual mejorar su salud física, su espíritu, dicha y rejuvenecimiento del cuerpo físico. Con calma estoy llevando todas estas prácticas y con mucho esmero, poniendo en ello todo mi cariño y siendo a la par consciente de que todo esto que me llegaba y me sigue llegando, viene del corazón cósmico a mi corazón y desde mi corazón se expande esta visión, uniéndose en contacto y unificándose con el campo cuántico.

 Con este regalo de unificación con el campo cuántico un nuevo prisma, un nuevo amanecer se abre ante mi, que viene a completar el despertar espiritual que he vivido hace más menos veinticinco años. Por aquél entonces estaba muy atenta a mis ejercicios de meditación y también la verdad que me venía con frecuencia como sería esa iluminación de la que tanto se habla en los textos sagrados y que han compartido en sus escritos tantos seres preciosos.

Los Maestros Ascendidos que nos han dejado, joyas preciosas sobre la iluminación.

 En un momento dado después de una gran crisis mi cráneo una noche se iluminó, no sé exactamente si esa es la iluminación o no, sólo sé que yo estaba muy débil, se ve que la debilidad de mi cuerpo y mi empeño arduo en centrarme en la meditación, día a día, dieron su fruto pues siempre me levantaba muy temprano para tener tiempo suficiente para recibir las bendiciones que me aportaba la práctica de meditar. Por ello siempre quería que me sobrara tiempo suficiente ya que luego estaba la faena y ya no sería desde tanta calma y sin prisa. La meditación yo la vivía desde un punto de profunda paz y desconexión de las obligaciones, por lo menos en los primeros años mientras que la mente no sabía apaciguarse yo necesitaba no tener ningún tipo de obligación, con lo cual durante diez años o más me levantaba de madrugada, con el beneficio que conlleva meditar cuando el sol está saliendo. Durante treinta años de mi vida siempre he buscado meditar, teniendo en cuenta que yo nunca en esta vida había meditado y el caso que no fui a aprender a hacer meditaciones con nadie, allí en mi pueblo que yo sepa no había ningún movimiento espiritual, debido a ello siempre llevé con mucha cautela y silencio mi espiritualidad hasta el momento en el cual salí de mi pueblo, así que mi compañía durante trece años fue la mía y la compañía de más o menos doscientos libros que he leído durante todos esos años y la compañía como no de mis Maestros de la Luz.

Ahora en estos momentos y desde hace cuatro años hago la meditación tres veces al día y desde que empecé este libro tanto mi cuerpo físico como mi espíritu requieren de mí la práctica constante, pues siento tan grande el beneficio que indudablemente no me resisto para nada, todo lo contrario es un gozo para todo mi ser, en todos los niveles, poder vivirlo y poder compartirlo.

Recuerdo perfectamente la madrugada en la cual se me hizo la luz en mi cráneo. Esa madrugada se celebraba el plenilunio, osea era luna llena, me levanté justo a la hora en que la luna estaba plenamente llena para hacer la meditación del citado plenilunio y esa hora eran las cinco de la madrugada, el premio fue grande no había obstáculos para que eso sucediera, se ve, que si el cuerpo experimenta un ayuno por muchos días es más fácil que de esta forma se de la iluminación, muchos años más tarde recibí esta información y también recibí que uno tiene que estar muy depurado y centrado en el amor en la luz y no en los juegos del ego pues fácilmente el ego te absorbería más con lo cual sería un retroceso en el camino del amor y la liberación kármica. En fin que la intención es la que cuenta y lo que necesita el espíritu es que seamos sencillos, sinceros, y que dejemos que el creador nos guíe con su sabiduría hacia lo que en cada momento tenemos que escalar. Siento que soy muy afortunada, mi espíritu siempre camina libre hacia el sol y ahora mismo me veo en un nuevo cuerpo sano y fuerte, con muchas ganas de seguir practicando y compartiendo.

Celebro que todo es una reacción a las acciones tomadas desde una conciencia exenta de poder, ese poder que proviene del ego, la bondad y la sencillez hacen que las obras procedentes de Dios lleguen a una cuando el ser está preparado y tiene conciencia de que lo que quiere es para un bien mayor, el bodhisattva está desapegado de los frutos de la acción, confiando plenamente en que la luz se da por si misma sin esfuerzo ni provocación. La luz ilumina sin más, cuando el receptor simplemente, **es, sin ser embaucado por la mente** y de esta forma todos somos beneficiados.

Como ya he compartido en todo este sentir, algo

comienza y es la budeidad. El Creador siempre nos está probando a ver hasta dónde estamos dispuestos a llegar, aquí no hay método, aquí hay un camino lleno de aventuras y de curvas, en cada curva hay que desprenderse de algo y con cada aventura está el deleite de aprender a sonreír y llenar de dicha el corazón y con todo este propósito divino, llega la iluminación haciendo toc toc.

Capítulo veinte.

Soltando estrés

En todo este proceso interno que vengo compartiendo está la clave de nuestra ascensión. Mediante la práctica de estos ejercicios vuestra mente se irá liberando de todo el cúmulo de información y estrés que ha ido almacenando. La práctica de la respiración activará todo el sistema celular y la conexión con el Creador dará como resultado la conexión cuántica, cuando el cuerpo y la mente reciben esta conexión, todo el sistema neuronal, todo el sistema del ADN y todo el conglomerado de nuestros telómeros se unen en sintonía dando como resultado la sanación, el rejuvenecimiento de todos los órganos.

Al oxigenar la mente y todo el cuerpo con las respiraciones, este método te está llevando a que tu mente esté más lucida y con ello vas a ir soltando los miedos, el estrés y en ese espacio que va a ir quedando limpio en tu cráneo se te dará la iluminación la claridad, la paz, la alegría, la dicha, la confianza, la clarividencia, la intuición y lo más grande que abarca todo es el sentimiento de empoderamiento interno, que te hará sentir que estás en todo momento en los brazos del Creador, desapegandote a grandes zancadas de todo lo que te hace sufrir.

Esta fortaleza interna es muy grande. A partir de estos momentos las lecciones del día a día las vivirás de una forma muy diferente, cuando la mente se sana, con ella se sana todo lo demás. Cada vez que el aire entra en el cuerpo el efecto es múltiple, pues está oxigenando todo nuestro sistema celular, el prana es el maná para que las células se limpien, se agranden en el sentido de que a medida que tu respiración recorre todo el cuerpo, éste se expande, se reajusta todo, y el cuerpo se hace más mullido más flexible, la tersura del bebé vuelve a emerger.

 A medida que día a día practiquéis las respiraciones recordar que la llama violeta es una gran aliada durante este proceso, así es que podéis usarla, siempre que sintáis que vuestra armonía se rompe, poco a poco os haréis maestros en su uso, aquí hablo de estos momentos en los cuales no podáis poneros a meditar o a hacer respiraciones, sin embargo sí que podréis visualizar y rodearos de esta llama, con esta práctica todo vuestro cuerpo se va a sentir renovado y protegido de algo externo que a veces no sabemos ni lo que es, sólo que podemos sentirnos raros y si que podemos actuar protegiéndonos, igualmente también con la llama azul. Así que adelante con ello, pues el tiempo que empleéis en usar estas llamas, será un tiempo de oro para ayudaros reconocer el poder de las llamas sagradas y las bendiciones que nos otorgan los Maestros Ascendidos.

 Cuando empecéis a practicar estos ejercicios dejaréis de correr, ya no habrá prisa ni estrés y ya comprobaréis que tendréis mucha más calma. La sensibilidad de vuestro cuerpo va a aumentar, esto os aporta una certeza de lo que vuestro cuerpo va a permitir que hagáis, todo lo que sea discordante veréis que ya no lo va a aceptar. Las molestias energéticas os hablarán, comprobareis que la respiración os vuelve a llevar al momento que estabais jóvenes y llenos de vida. Y hablando de energías también es muy importante tener en cuenta que si queremos estar totalmente lúcidos y que nuestros órganos estén felices y nuestras células liberadas de aire, es muy importante que las comidas sean lo más sano posible y sin atiborrarse, mejor hacer más comidas ligeras que mucho junto. Está comprobado lo importante de la moderación en todo y está claro también que esto es según cada persona. Buscar el vivir moderado no exalta el sistema celular y cuidar la mente llenándola de buenos pensamientos lograremos una vida mucho más sana. Por las noches es importante reflexionar sobre, si lo que hemos vivido durante el día es realmente apropiado con lo que nuestro cuerpo, alma y emociones están satisfechos, si no es así observaremos nuestros hábitos de conducta y reflexionamos en lo que no estamos siendo coherentes.

A lo mejor lo único que nos falte, será mucha

alegría, tomar decisiones y actuar desde la calma.

El Buda encontró la iluminación mediante la observación y el silencio. Los ejercicios descritos en este libro te van a facilitar que tu lo tengas súper fácil y que te encante ponerte a la práctica. Sé que una vez empieces lo estarás deseando, así que no te demores ni un solo día en ponerte y verás que muy pronto empezarás a notar los cambios. Queridos hermanos yo sigo practicando día a día, y día tras día me siento mucho mejor, eso sí en algunas cosas aún pego algún patinazo. Con ello me observo y si en esta introspección aprecio que así las cosas no marchan, rápidamente busco una solución y ahora en estos momentos me sirve para compartirlo con vosotros para que tengáis en cuenta que viviendo estos pequeños tropiezos emocionales es como se va reajustando la vida plena dentro de uno, con la bendición de que gracias a eso aprendemos y mejoramos. Sanando nuestros aprendidos hábitos descubriremos que somos todo luz, libres y perfectos a imagen de nuestro Creador.

Todos sabemos que sufrir es una opción, así como la de ser feliz. Y hasta ahora no he encontrado nada que sea más sanador que amar todas las

partes, las cuales a veces duelen emocionalmente. Tenemos que soltarlo todo, hasta que la fortaleza y el amor por uno mismo triunfen sobre el apego, la dicha que se vive en el desapego es una dicha tan profunda que el mismo Creador la habita.

Día primero de noviembre, un día muy señalado por la connotación que tiene y para mi un día a recordar por los acontecimientos vividos este día. Por la mañana después de hacer las respiraciones me senté como todos los días a meditar, al ratito de haber empezado, justo en el momento de conectarme con el núcleo de mis células se me vino a la mente la imagen de la estrella de cinco puntas, esta estrella está un poco más arriba de la cabeza, vi la estrella y me quedé centrada en su luz, al momento vislumbré la imagen de un campo Toroide a mi alrededor. Sé que es un campo toroide porque he visto algunas veces esta imagen y por lo que he percibido y sentido rastrea lo que hay de fisura en el cuerpo astral, al momento se nota perfectamente este efecto y beneficio. El Toroide también conecta con la energía del corazón, restableciendo en él, el sentido cuántico, las imágenes y el sentir se sucederán poco a poco.

Sencillamente no paro de dar gracias al Creador por tanta bendición que me hace llegar y lo más grande que estoy viviendo es la gran dicha y desapego sin dolor, sin duda es una gran labor el poder vivir la grandeza de la luz en todo el cuerpo, conciencia y campo.

Día once, este es un día muy especial por lo que representa este número sagrado. En lo que a mi respecta puedo compartir que dos o tres días antes ya empecé a experimentar un gran flujo de energía, cuando me sentaba a meditar era muy grande la conexión con la inmensidad de luz y como yo lo vivía. Este día once pude de nuevo comprobar los beneficios de los ejercicios que estoy llevando a cabo y que son para apoyo y sanación de todos nosotros y que con tanto esmero y cariño estoy compartiendo en este libro.

Esto que os voy a contar ahora es una anécdota. Por la mañana de este día once fuimos una amiga y yo a dar un paseo por medio del olivar y allí en un cruce de cuatro caminos nos encontramos con un chico que se le había desenganchado el remolque de su coche de trabajo, ahí lo vi haciendo esfuerzos por engancharlo de nuevo, le pregunté si le ayudaba, me miró con ojos de "bueno vale, solo que está muy difícil", y ahí me fui a ayudarlo, en este muelle de enganche entre coche y remolque me mordió la piel de un dedo, sentí dolor intenso, sólo que no era nada grave, cuando terminamos el proceso, y a todo esto ayudados por un segundo hombre, ya mi amiga y yo seguimos nuestra caminata y ahí miré mi dedo que estaba un poco negro por la mordida, me lo lavé con mi saliva y se puso casi bien del todo, ya apenas me dolía y casi no tenía marca. Por la noche ya me había olvidado del percance solo que mi sistema celular se ve que lo tenía más presente, pues al comenzar a hacer las respiraciones mi dedo empezó a dar crujidos de dolor, sentí para mi asombro que mis células lo estaban reparando, ahí de nuevo después de tiempo que no sentía los pinchazos de regeneración pude comprobar como la respiración repara y sana el cuerpo. El prana el aliento de vida, y no es que todo lo repare la respiración, no, eso no es así, pues hay otros síntomas de la genética del cuerpo que van de otra manera, todo depende de la función que tenga en nuestro cuerpo. Los traumas necesitan más tiempo, estos necesitan salir de nuestro subconsciente y sanarse con mucha luz, la luz Budhica que iluminará todo nuestro sistema en completa comunión con nuestro Creador, Padre Madre y el campo creado por todos los millones de átomos, esta red cristalina e inteligente en la cual están impresas las memorias del Gran Sol Central, el Gran Logo de Luz, cuándo por inmersión y profundización dentro de esta conciencia que es El Gran Sol Central, podamos sentir que somos uno y lo mismo en esta gran conciencia Solar, habremos experimentado el nacimiento de la matriz cósmica dentro de nosotros y ya desde este momento sabemos perfectamente quienes somos y la vida nunca volverá a ser igual.

Las respiraciones, limpian las nubes que ocultan la luz de nuestras células y átomos.

Prosigo en esta gran experiencia que cada día está siendo más enriquecedora y sanadora, por ejemplo, hoy he tenido otros dos o tres regalos, de nuevo he podido experimentar la sanación con las células Madre y os explico como fue. Ayer vino una chica a una sanación, ésta venía con mucha inflamación en un brazo y le cogía hacia atrás al omóplato, total que ese dolor tan grande que ella traía ya lo estaba viviendo yo desde el día anterior, casi siempre sucede eso, yo sentía ese gran dolor en mi brazo incluso mi brazo estaba inflamado, claro que este brazo mío no se me había recuperado del todo, en todo este tiempo que llevo experimentando estos ejercicios, total que ahí se dio el dolor multiplicado. Hoy de nuevo vino otro chico prácticamente con lo mismo, no podéis imaginaros cómo viví el tremendo dolor incluso sentí a lo grande en mi corazón todo lo que este ser estaba viviendo, le apliqué la terapia Craneo Sacral y todo se quedó bien, sólo que mi brazo ya desde antes de ayer estaba que necesitaba encontrar la respuesta a lo que yo estaba experimentando. Por alguna razón cuántica se me olvida, que el dolor que yo estoy viviendo, pueda ser debido a la persona que va a venir a la terapia. La verdad que no me importa en absoluto, pues luego me alegra ver que la persona ya se estaba sanando antes de venir, o eso es lo que deduzco.

Siempre había pensado que esto que yo tenía en el hombro era un trauma, un trauma desde muy pequeña y para nada eso es así. Pues veréis hoy después de hacer todas las respiraciones y mis ejercicios el brazo, mejoró sólo que no del todo, bueno se puede decir que liberó el estrés, pues mientras que hacía las respiraciones me estiré muchísimo, es impresionante como el cuerpo se libera de todo eso que ha ido acumulando desde el momento del nacimiento. Al terminar de respirar me incorporé y como siempre me puse a conectarme con el Creador, fui dando los pasos como lo hago día a día, en el momento que llegué a hablar con las células madre y les dije que modificarán mi genética aquí se produjo el cambio, sentí una sensación de paz y de calma, mi brazo en un instante se puso bien y de momento sigue bien. Este bien del que yo hablo es al momento que pido algo a mi cuerpo y este reacciona a lo que yo le pido, noto en la zona o órgano una gran liberación y así de esta manera voy escuchando las respuestas de mi cuerpo y sé que por ahí voy certera.

Claro lo que yo pensaba que era un trauma, no lo era, esto era mi genética pues mi padre padecía de eso a lo bruto, siento que la madeja cada día se deshila con hermosura, ¡Cuántos regalos estoy teniendo! Luego seguí haciendo la meditación y de pronto en el apartado de la ascensión me vino una pregunta que nunca me había hecho "alguien me soplaba del cielo" y esto era, ¿Sabes a dónde te vas a ir cuando asciendas ¿Sabes cuál es tu planeta de dónde has venido? Me quedé sorprendida, "no" nunca me había hecho estas preguntas, daba por hecho que venía de las Pleyades. Y pregunté, ¿De dónde vengo? La voz contestó, del planeta Venus y seguí preguntando. ¿Y cuál es mi planeta a dónde voy a ir? Y la voz contestó. Al planeta Venus. Entonces dije, ¡Ah vale, me alegra!, siempre me gustó ese planeta. Pues muchas gracias.

Así mismo funciona el cielo, la información nos llega cuando estamos preparados y esta información llega directa de la fuente, no está manipulada por el ego. En ningún momento me cuestionaba este tema pues es bien cierto que no me ocupa, no obstante esta información me abre una ventanita más desde mi conciencia hacia la conciencia extraplanetaria, desde ese momento me veo a menudo en ese corredor de luz, hacia el planeta señalado. Así florece el alma y el espíritu, en sus caminos de gloria.

Yo os sugiero que cuando vosotros preguntéis por vuestro planeta no lo hagáis tan pronto leáis este libro, esperad que pasen nueve meses, pues todo viene a su tiempo, aquí no se provoca nada, si no, no sería una sanación, aquí hacemos los ejercicios y esperamos haber que pasa, mientras sentimos, escuchamos nuestro cuerpo y la conexión con el Creador Padre Madre.

Capítulo veintiuno.

Sanación Genética.

Cada vez con más claridad siento y soy más consciente que tengo mucha ayuda, muchos regalos y el más grande la dicha tan bonita interna por lo bien que me están sentando todos estos ejercicios y conexiones con El Creador. Desde un principio fue algo tan mágico, tan especial, sentir cómo mi cuerpo liberaba y libera memorias, estrés, agotamiento, desgaste físico. El plan del cielo es que vosotros también lo iréis experimentando y es algo tan gustoso de hacer. Sabéis después de todo y por encima de todo impedimento.

Todo este recorrido es para vivir a tope el amor y la luz que somos.

De nuevo hoy, día diecisiete de noviembre mi meditación ha avanzado un poquito más, ahora en estos días voy a centrarme en reparar lo que es genético con mis células madre, es el tercer día que lo hago así directamente y ellas responden muy rápido, es perfecto pues ya llevo cerca de un año hablando con ellas aunque a veces surge una forma nueva de comunicación, luego ya os doy los pasos detalladamente. Pues eso, que de nuevo me encuentro con un reto sanador, el cual no había tenido en cuenta, esto significaba que no había tenido en cuenta la parte genética, lo que si me daba cuenta que mi cuerpo en esos órganos no respondía de la misma manera que lo hizo con todo el resto del cuerpo y ahora se me hizo la luz dándome cuenta que prácticamente todos mis hermanos de sangre y yo tenemos las mismas secuelas del problema en el hombro, con grados diferentes. Como ya compartí esto fue antes de ayer cuando pedí a mis células madre que modificaran mi genética y en estos momentos que estaba hablando con ellas les pedí que modificaran la genética de mi hombro y de mi variz, al momento de conectarme con ellas todo mi cuerpo entró en una calma y sentí como mi hombro escuchaba, queridos hermanos del alma estoy emocionada con esta información que me está dando mi cuerpo y El

Padre Madre Creador. Mis propias células madre, en ellas está toda la información de la tribu ancestral, ojalá todos sean sanados, eso mismo estoy pidiendo que todos mis antepasados se liberen de la carga genética, hoy he pedido a la tierra que libere, que transforme todas esas memorias de cargas y sufrimiento que vivieron todos mis antepasados. Lo que sí comparto es que la inflamación en el brazo la tenía mi padre y lo de las varices mi madre. Entiendo que aunque ciertos problemas de salud pertenezcan a la genética en ellos está implícito que son formas de sentir y de pensar carentes del apoyo amoroso que necesitan para estar sanos, es que en verdad el cuerpo está carente de cuidados amorosos hacia uno mismo. Cuando por traumas o por cómo nos educan crecemos carentes de apoyos y de estímulos por parte de nuestros padres, esa carencia queda grabada en nuestra psique y a la larga se manifiesta en nuestro cuerpo. Eso que el niño está viviendo no lo puede entender ni asimilar emocionalmente y ahí se queda en el baúl de los recuerdos, sólo que ese hecho hará que el niño o la niña adopten una forma de vivir desconectados de la verdadera esencia, de sus verdaderas necesidades. Esto sucede porque en el momento del trauma nos quedamos fuera de nuestro cuerpo, emocionalmente y mentalmente estamos sufriendo por lo que vemos y por lo que sentimos, así que el niño lo que hace es buscar un refugio en la evasión del contacto consigo mismo, con lo cual luego creará una dependencia importante y así es la cadena hasta que llega el momento en el que sanamos nuestros traumas y con ello muchas veces el clan familiar.

Ahora es el momento de pararnos y cambiar ciertas pautas, hábitos e interiorizar en nuestros sentimientos. Si de verdad queremos un cuerpo sano y joven no podemos seguir haciendo las mismas cosas de la misma manera, si queremos que nuestra salud cambie tenemos que empezar a escuchar nuestro cuerpo que es el mismo templo de nuestra alma, tenemos que cuidarlo en todos los aspectos, para estar fuertes, sanos, dichosos y jóvenes, hay que volver de nuevo a recordar cómo estaremos si decidimos amar y brillar.

Y no se trata de fantasías ni de ilusiones, eso es lo que queremos y hemos venido para experimentarlo.

Esto es algo muy serio y necesario que cada uno se

de cuenta de su responsabilidad para con él mismo y luego con toda la restante humanidad, pues todos somos ejemplos de todos y espejos en el camino de la vida. Recordaros que mediante estos ejercicios que día a día vamos a hacer, con ello iremos limpiando los puntos oscuros en nuestra psique y corazón, estas lagunas son esos traumas que hay que sanar y la respiración irá llevando el prana y alimentando de luz esos puntos oscuros de nuestra mente y heridas en el corazón, la respiración irá barriendo lo que tapa y oscurece a nuestro ser. El niño habrá creado un personaje para evadirse del dolor y este personaje le hará vivir unos cuantos papeles alejado de su verdadera esencia, hasta que llega el momento en el cual este niño o esta niña adultos, van despertando esta conciencia, que dentro de ellos hay un mago, maga que contiene toda la sabiduría para sanar cualquier problema, enfermedad o trauma que hasta ese momento lo han pertrechado y arrinconado en un personaje sin casi carisma ni voluntad propia.

Cuando encontramos un sentido a nuestra vida ya no hay marcha atrás.

Capítulo veintiuno.

Sanando la Genética

Y volviendo a mis ancestros, siento que hoy mi tribu de ancestros están muy contentos y yo también. Ahora os comparto mi experiencia al respecto, pues la cosa empezó cuando despertó en mí la sensación de que, lo de mi hombro era debido a la genética y así es, tan pronto como me puse a hablar con las células Madre y les pedí que modificaran la genética de mi hombro la energía cambió totalmente, de pronto apareció en mi retina la imagen de mis antepasados y que estos estaban esperando que yo hiciese mi trabajo de sacarlos de dónde se encontraban y los llevase a la luz. Pues como veréis esto es otra nueva sorpresa, no por el hecho de ayudarlos si no porque esto no lo había esperado en ningún momento y menos aún lo que ocurrió hoy, pues he tenido que bajar a su mundo acompañada del Arcángel Miguel y por un hilo conductor de luz subirlos a todos, mi sorpresa maravillosa y grandota fue que mi cuerpo de nuevo cambió de vibración pues sentía mucho calor, reitero lo del calor pues cuando hay seres que no tienen fuerza para subir a la luz o que aún no es su momento yo los percibo a través del frío y de la carga que se pone encima de mi hombro, intuyo que para algunas personas esto no sea fácil de entender, lo que si os digo es que es totalmente cierto y coincide bastante con lo que puede pasar si cuando nos vamos de este plano y no estamos despiertos y al mismo tiempo no hay nadie que nos muestre la luz, buscaremos luego a quien nos la muestre y nos lleve hacia ella.

 Llevo unos cuantos años acompañando a seres a la luz, ahora lo que menos me podía imaginar es que tuviese que acompañar a toda una recua de antepasados en los cuales se había quedado la genética sin sanar y eso estaba entorpeciendo mi completa sanación y la de mi familia. Ver entonces hermanos, compañeros la importancia de sanar a nuestros antepasados y de acompañarlos a otro plano superior en el cual van a seguir evolucionando, solo que de muy diferente forma, al ingresar en la luz ya están libres y van a vivir experiencias enriquecedoras para seguir evolucionando, o eso es como yo lo percibo.

Sea como fuere desde luego para mi tiene sentido y siento que por dos o tres veces lo seguiré haciendo. Les seguiré enseñando la luz, hasta que todos la vean. Lo que hice, fue que simplemente me posicioné con un escudo de luz y llamé al Arcángel Miguel, tan pronto como me sentí fuerte y rodeada de luz, me visualicé bajando por un hilo de luz al mundo oscuro en dónde estaban y todos fueron subiendo por ese hilo hasta una dimensión llena de luz en la cual todos ya emprenden una nueva disciplina. Cuando bajé a por mis antepasados percibí muy claramente que mis padres y abuelos ya no estaban ahí en esa dimensión de penumbra, lo que si la genética hay que sanarla y sanar con ello a todos los antepasado. Cuando bajé con el Arcángel Miguel pedí que todas la ataduras, todos los bloqueos y toda genética de mis antepasados sea limpiado y sanado para siempre y que todos ellos queden sanados y liberados, por la gracia de la luz y del amor. Cuando llegué de vuelta de ese mundo en el cual estaban, no paraba de bostezar, desde luego allí no había mucha luz, ahora que yendo con la ayuda del Arcángel Miguel y agarrados al hilo conductor de luz, nada inquietante puede pasar, simplemente se vive con cariño sabiendo que estamos ayudando a nuestros antepasados, o a las energías de nuestros antepasados para que el nivel profundo del subconsciente genético sea liberado y por ello nuestro ADN dé el salto cuántico que necesita, en la escala genética de la evolución.

Nos toca a nosotros ahora, El Salto Cuántico.

Quiero compartiros que desde que he vivido esta experiencia y hecho este trabajo con conciencia de mostrarle a mis antepasado el reino de la luz, estoy más consciente de la importancia que tiene el hacer esta labor para todos los que por sí solos no pueden hacerlo.

Durante tres días estuve poniendo mi amor y mi voluntad para que toda esa energía genética se transformara y a partir de ahí mi brazo está perfecto, está sano y fuerte, mi sistema circulatorio mejoró considerablemente y también algo que noté muy claro fue que cuando terminé de subirlos a la luz me entró mucho calor por todo mi cuerpo y se sigue manteniendo.

En el punto en el cual estoy, ya pasaron diez meses de prácticas, un tiempo prudente para vivir con más certeza los avances que he ido dando y observo que cuando hago los ejercicios de conexión ésta se da muy rápido, se ve que el sistema ya está en la conciencia cuántica y responde inmediatamente a lo que yo le hablo y pido desde mi corazón y mente. **Esta es la conexión celular con todo el campo.**

Estos dos últimos días me he cansado bastante más de normal pues no suelo tener acontecimientos fuertes y estos dos días pasado sí los he tenido. Cuándo venía a mediodía a comer hacía mis ejercicios y me quedaba renovada, así que una vez más he comprobado todos lo beneficios que aportan las respiraciones y la conexión con El Creador. Y experimento que la luz de mi campo de luz, va en aumento, en verdad queridos seres, hermanos, os digo que me siento más a mi misma, más a lo grande, todo mi nivel de conciencia se ha unido a la grandeza del Creador haciendo que sea más fácil todo y que en cuanto hablo con Él se realiza lo que le pido para mi salud. Esta belleza y armonía es imparable, estoy unida a la conciencia cósmica, poco o casi nada perturba mi mente y mi corazón. Los apegos no me dañan, no sufro por lo que me gustaría que fuese, porque el Creador es muy sabio y si algo no se da, siento que tiene que ser tal y como es. Sin más y vuelvo a recordaros, estas no son meras palabras estos son hechos que se fueron dando durante once meses y no es que todo el trabajo interno ya esté hecho, si no que el logro interno, esta capacidad de sentir, de mirar u observar, de pensar y de vivir los acontecimientos diarios ya no es la misma frecuencia.

Durante todo un año iréis cambiando de emisora en cómo os sintonizabais, a partir del momento que empecéis, la vibración tomará otro canal, más elevado, más consciente. La presencia en el Ser es un logro que todos tenemos derecho a vivir así que en este libro está todo lo que necesitáis para lograr en esta vida, esta conciencia cuántica y con ella nada de lo de afuera lo veréis igual. Por ello cuando ya no dañe lo que veáis ni enjuiciéis lo que estáis viendo y tampoco lo que no veáis, entonces estáis entrando en la conciencia cuántica en la cual todo es posible, ver la belleza en todo os dará este toque mágico, sanador el cual os llenará de inmensa dicha.

Pasados unos días desde que apareció la sanación con mis antepasados, quiero compartir que para más aclaración y por si lo dudaba vinieron a mi consulta personas a las que durante la sesión aparecían sus antepasados con algún tema para ser sanado y que estaba perjudicando de alguna manera a la persona que venía a la terapia, se trataba de estos detalles en los cuales todo coincide y valga la redundancia todo lo que coincidía se sanaba. Una vez más me siento en deuda con el Creador por tan bella información y valiosa, la cual os va ayudar a todos y a todo vuestro clan familiar. Hoy más claramente he visto que mientras ellos no suban todos a la luz no alcanzaremos nuestra sanación completa, la genética necesita ser sanada y escuchada.

Después de bastantes meses, esta noche pasada mi variz volvió de nuevo a calentarse, simplemente sentí que no había motivo pues no había sentido enojo en ningún momento y mi alimentación no contiene fritos, me desperté, pues eso con la variz que me estaba llamando para que la atendiese y eso hice, después de meditar y sentir a ver que hacía, sentí el impulso de acariciarla y hablarle, así que eso hice y tan pronto como le acaricie y le hablé se sosegó, al sentir que mejoraba seguí haciéndolo y al mismo tiempo me conecté con mi sistema celular igual que lo hago en los ejercicios y a los pocos minutos ya se le había pasado el calor.

 Los ejercicios de meditación son muy rápidos en hacer su efecto, hasta ahora son once meses que llevo en programación continua, así que tenemos que darnos cuenta que el despertar de nuestra conciencia, significa sanar nuestro cuerpo, pues a mayor apertura, mayor capacidad vamos a tener para ver dónde están nuestras limitaciones y también conectaremos con mucha más facilidad con nuestro potencial, nuestra fuerza y poder de decisión.

Capítulo Veintidós.

La importancia de programarnos.

Que así como nos programemos a partir de ahora conscientemente para una apertura, para vernos con otros ojos y sentirnos con todos nuestros sentidos desde nuestra nueva conciencia hasta la base celular, así mismo e inconscientemente nos hemos programado para lo contrario. Con lo cual la nueva sintonía o frecuencia es tan importante para ver en qué lado queremos estar, si en el lado de víctima o de tomar las riendas y dejar atrás esa vibración que lo único que nos puede ofrecer es seguir sufriendo. Vosotros imaginaros escuchar una obra de Vivaldi, o una música de heavy metal. Pues lo mismo, simplemente meditad en ello.

Sin lugar a ninguna duda los ejercicios son muy efectivos, solo me pregunto una cosa, cuántas personas serán lo suficientemente valientes para ejercitar, esperar y comprobar así sin medicarse ni tomar suplementos o por lo menos lo mínimo, en espera de poder escuchar su cuerpo y que éste se sensibilice, para que el sentimiento y el pensamiento se unan hasta formar un equipo que los libere de la rueda del sufrimiento.

No tengo conocimiento exacto de lo que voy a decir sólo es algo que intuyo y mi suposición es, que si los medicamentos no curan si sólo tapan el problema y este problema lleva al enfermo, a que continuamente se tenga que medicar y a que su problema se repita, ya no solo eso, es que cada vez necesita más cantidad o añadir otros para que le hagan efecto, tapando lo que ocasiona el sufrimiento y así está la mayor parte de la humanidad, enganchados a la química para no sentir dolor y el dolor consciente, amados hermanos sensibilizad nuestro corazón para un mayor entendimiento sobre nosotros mismos y hacia nuestros hermanos.

A través del dolor nos descubrimos y nos sanamos de raíz.

Bueno no es esto muy agradable, ojalá todo este sistema cambie despertando a que el poder está dentro de nosotros, tomando conciencia de lo importante que es aprender de nuevo a escuchar nuestro cuerpo y a atenderlo desde la parte mental y emocional. Tomando conciencia de nuestro poder y sabiduría será como llegaremos a ser y vivir independientes de los que controlan el sistema, pues éste da mucho dinero.

Hoy de nuevo ha sido un día muy especial, mi optimismo y dicha crecen a cada momento, sencillamente me encanta lo que hago, y ya cada día enjuicio menos y me refiero a lo que cada día vivo conmigo misma, aunque la mente a veces se escapa sola. Estoy aprendiendo y siento que voy bastante bien, así estoy libre de condicionarme y seguir atada a la rueda, cuando mi mente enjuicia me doy cuenta muy rápido y aquí ya tomo yo el mando de mis pensamientos y elijo descender dentro de mi misma, tomar aliento y agradecer desde mi corazón la oportunidad que estoy teniendo para elegir lo que quiero pensar y con este simple ejercicio sacar a la mente de dónde estaba llevándola hacia algo nuevo y esto nuevo la está nutriendo, dando paso a una toma de conciencia que está ayudando a soltar viejos patrones mentales. La respiración libera los patrones mentales. Os pregunto ¿En verdad queréis quedaros en lo viejo, cómodo y que tan conocido os resulta? O queréis trabajaros y ser libres?

A no ser que tengamos algo verdaderamente cierto, mejor guardar silencio y no opinar ni enjuiciar. Esa es una forma sana de vivir y de sanar nuestro cuerpo.

Queridos seres de luz, el camino para seguir creciendo está siempre por delante de nosotras, ahora ya tenemos más claro que somos nosotros mismos los que elegimos cómo queremos vivirlo. El camino del mago interno es como las parábolas, cuantas más escuchas más te das cuenta de la sabiduría impresa en ellas. El camino del mago se presta exactamente hacia el mismo fin, cuánto más te descubres, más auténtica eres y a través de la autenticidad se revela la sabiduría.

Llevo treinta años en esta opción de vida despierta y elegida por mi, enfocada en este gran proyecto de vida, éste es el mayor proyecto que uno pueda construir, despertar la magia interna. Cada día de mi vida sigo aprendiendo y compartiendo y cuando la mente va por un lado y el corazón va por otro, aquí estoy hablando de estar disociados, con estos sencillos ejercicios y meditación podemos unir estos dos en perfecta sincronía, las respiraciones por una parte ayudarán a que nuestras células se oxigenen y con la comunión con nuestro Creador, con nuestro sistema celular y con nuestras células madre tendremos el alimento necesario para salir del caos y ver con profunda claridad nuestras limitaciones, pudiendo salir de estos patrones, traumas y demás, con afecto en el corazón y paz en nuestra mente.

Durante este recorrido de este año he experimentado muchas manifestaciones de sanación en todo mi cuerpo y a través de mi cuerpo también he sentido y vivido muchas manifestaciones de dolor y enfermedad de la gente que atiendo en mi consulta a través de la terapia Cráneo Sacral. Y digo este año porque estoy más consciente de sentir el dolor de la otra persona así como también más sensible para recibir a través de mi cuerpo el por qué de ese dolor y la solución para que se sane. También soy consciente de que las personas pueden entender o no, lo que sería la sanación si llegan a sentir el cambio dentro de su campo emocional y de su campo mental. Todos podemos sanarnos, todos podemos rejuvenecernos, a través de nuestro camino interno, de vuelta a esa frescura y jovialidad que a veces se nos olvida o que quizá ya se nos ha olvidado. Y aquí tampoco importa si eso se olvidó, lo que de verdad importa es querer recuperar toda esa alegría, entusiasmo y dicha.

Capítulo Veintitrés.

Creador, Células y Células Madre.

Hermanos del alma, aquí os doy las herramientas para que lo logréis, nuestras células escuchan, nuestro Creador escucha y las células Madre las que reparan nuestra genética, los telómeros son los que unen nuestro cuerpo de luz con el campo, la geometría sagrada. Ahora voy a hablaros de algo muy importante para vuestra sanación.

Veréis, considero algo de suma importancia y que pocas personas saben o tienen en cuenta y esto es que, cuando tengáis en vuestro cuerpo físico ciertos síntomas que os voy a compartir valorad que es muy posible que no sea nada vuestro, esto puede ser que algún espíritu de seres que se han ido de un plano a otro y que sin embargo no tengan la fuerza suficiente para irse a un plano más elevado de luz y que están esperando que alguien los ayude. Así que si de normal os duele un hombro, las cervicales, tenéis frío excesivo o hay frio excesivo en vuestra casa, una carga en la parte alta de la espalda o de pronto sentís menos energía de lo habitual es que alguien os está acompañando en vuestra casa o cuerpo. Esto no es algo por lo que tengáis que alarmaros. Si no veréis ¿Podéis imaginaros cómo estaría yo? O muchas otras personas que les sucede lo mismo que a mí. Yo aprendí a vivirlo con entera naturalidad, lo difícil fue mientras que no entendía qué estaba pasando. Desde que tomé conciencia que tenía que ayudarlos a entrar a la luz, eso es lo que hago, respiro me centro en mi luz y pido al

Arcángel Miguel que con su espada de luz azul ayude a este alma a subir a la luz y digo, "así lo pido y así lo ordeno que te vayas a la luz" y ahí visualizo un camino de luz y espero que este alma se vaya, una vez siento que se ha ido cierro ese camino de luz y doy gracias al Arcángel Miguel por su ayuda. Si coincide que con el Arcángel Miguel solo no pueda, pido también a la poderosa Astrea que con su espada de luz ayude a esta alma a irse a la luz. A veces necesito más de un día para que suban, cuando notéis que vuestro cuerpo aún no esté bien seguís haciendo la ceremonia hasta que suban, yo noto claramente cuando se van, así que vosotros también con práctica lo iréis notando, los que aún no lo estéis haciendo. Para las personas que aún no estéis en estas labores y desconozcáis el tema os digo que esta tarea es más habitual de lo que parece y tenemos que tener claro que ellos no están para hacer daño, sin embargo nuestra energía se ve mermada cuando los llevamos encima, incluso cuando están en las casas, éstas están más frías de lo habitual. Creo sinceramente que muchas paranoias se pueden solucionar si los humanos tenemos acceso a esta información y buscamos soluciones prácticas para no seguir cargando con algo que no es muy sano. Si alguna vez estáis en la duda de si hay espíritus o no, cogéis un péndulo y preguntáis, el péndulo os lo dirá, es un sencillo método y efectivo, también se notan cuando los ojos lloran y la nariz suelta agua, si de pronto notáis que vuestra energía no está del todo bien, en la ducha pasáis agua con sal, dos puñados de sal gorda en una botella de cristal llena de agua templada y lo pasáis por todo el cuerpo. Nunca dejéis de sorprenderos ni de abriros a cosas nuevas, desconocidas, aunque estas a simple vista parezcan un poco fastidiosas, pensad que es una buena obra y que a todos nos gustaría que cuando llegue el momento si es que lo vamos a necesitar tengamos un alma noble que nos ayude a pasar a otra dimensión. Os he compartido esta información por que puede ser un problema de salud cargar con esta energía. Y será una ayuda para ellos.

Capítulo veinticuatro.

Respiración y práctica.

Queridos hermanos siento que ya es el momento de escribir detalladamente los pasos que diariamente he ido dando en la práctica de la meditación. Veréis, empecé un buen día a hablar con mi Creador, sentada en mi lugar de meditación juntando las palmas de los pies y las manos con un mudra muy sencillito, una mano dentro de la otra uniendo los dos pulgares por la parte de adentro, además que ya encaja perfectamente, la mano derecha dentro de la izquierda, también sostengo dentro de las manos un cristal de cuarzo blanco, alargado y lo mantengo mientras dura la meditación. En esta posición respiro unas cuantas veces y luego hablo con mi Creador y le pido que rejuvenezca todo mi sistema celular, todos mis órganos y los visualizo llenos de luz, sigo pidiendo y visualizando que mi cuerpo sea rejuvenecido energéticamente como si éste tuviese la edad de veinte años y se lo pido al creador, ahí me quedo un buen rato hasta que veo brillar todas mis células, cuándo éstas están brillando, entonces pido a mis células que rejuvenezcan a todos y cada uno de mis telómeros hasta el momento de mi nacimiento y ahí de nuevo espero un tiempo hasta que con claridad visualizo el núcleo de mis células y percibo en su núcleo un punto de luz que resplandece y me conecta con el momento de mi nacimiento, en ese momento siento una profunda conexión con mi bebé, este momento lo vivo desde la profundidad y desde un campo toroideo que me rodea, ese campo se une a la geometría sagrada del campo universal, la conciencia del bebé, de mi bebé en el momento de nacer vive esa gran conexión entre el mundo de la tierra y el campo infinito de luz que todo lo rodea e interpenetra, lo más importante para mi en principio fue la profunda conexión con el sentir del núcleo celular, en el núcleo celular viví, me conecté con el momento en que estaba naciendo, luego más tarde en esta misma conexión experimenté la conexión y visión de un campo toroideo y la unión con el campo de la geometría sagrada. Seguida de esta conexión mientras medito, cuando ya percibo o siento que mis células han escuchado y que mis telómeros brillan uniéndose en su luz como si fuesen cromosomas bailando por todo mi sistema y la luz se une por todo mi cuerpo, en verdad imaginaros cuando se enciende un árbol de navidad, eso haréis cada día, ¿No os parece chulo sanarse así? Aquí ya doy el paso siguiente, pido a mis células Madre que modifiquen mi genética celular, neuronal y de mi ADN, espero un buen ratito haber que siente mi cuerpo, como reacciona y le pido a mis células Madre que abran sus paquetes de luz por todos mis órganos y principalmente por aquellos órganos que yo sienta que necesitan ayuda extra, luego pido a mis células Madre que rejuvenezcan todo mi cuerpo hasta tener un cuerpo de veinte años, joven, sano y fuerte, para que viva eternamente joven hasta el momento de mi ascensión, al llegar este punto me visualizo joven, llena de vida, también podéis visualizar una foto de cuando teníais esa edad. Como ya os compartí empecé por la meditación, luego de pronto un día llevaría escasamente un mes practicando la conexión, meditación, cuando surgió dentro de mi la necesidad de hacer respiraciones, así que ahí me puse a respirar, este ejercicio lo había hecho hacía años y en aquel momento me había ayudado a salir de una crisis, ahora era diferente no había crisis sin embargo si que había estrés, mucho estrés ya muy antiguo. Estiradas y estirados en la cama, en el suelo, o sofá muy cómodo hacéis cien respiraciones profundas hasta el abdomen, o pubis, con calma escuchando como todo va cambiando y cómo se va ensanchando todo vuestro cuerpo, después de estas cien respiraciones que por ahí durarán quince minutos vais a hacer otras cien respiraciones en el tórax, las manos en los pechos y aquí es como si fuese un abanico, inhaláis abriendo el pecho y exhaláis cerrándolo, esto durará cinco minutos. Con las respiraciones surgirán bostezos, estiramientos, pareciera que el cuerpo crece, aquí os estiráis todo lo que vuestro cuerpo os pida, desentumeciendo todo el cuerpo. A partir de estos momentos y durante todo un año el cuerpo pasará por diferentes etapas, la mente también se irá centrando y liberando de muchas paranoias y sugestiones, la respiración continuada día a día es todo un regalo para el cuerpo y la mente. Comprobareis que a partir del día uno vuestra energía cambiará y poco a poco todo lo demás que estéis cargando y sufriendo se irá transformando en claridad y dicha, la atención hacia vosotros ya no será la misma, ¡Este es el país de nunca jamás!. Cuando surja algo que os sintáis incómodas al volver a hacer las respiraciones y la conexión de nuevo volveréis a vuestra paz, a vuestra calma.

Ahora que casi ya lo tenéis todo, voy a describir en pasos la meditación y respiración.

Elegís un lugar cómodo en el cual podáis estiraros a vuestras anchas. Cerráis los ojos y empezáis con las respiraciones profundamente, mientras que respirais sentís cómo se ensancha todo el cuerpo a medida que vais respirando, procurar centraros en vuestra respiración, una vez terminadas las respiraciones, cien respiraciones lentas profundas de abdomen y cien respiraciones de tórax, si os apetece hacer más, podéis seguir respirando consciente y profundo, todas las que hagáis demás serán para vuestro beneficio. Terminadas las respiraciones os incorporais muy despacio y os sentáis con la espalda pegada a una pared o en un sofá, cerráis los ojos y hacéis unas cuantas respiraciones para acompasar el cuerpo y la mente. En este estado seguís en el proceso y visualizáis un hilo de luz hacia vuestro Creador y al mismo tiempo desde vuestra conciencia, le pedís de esta manera o parecido como vosotros sintáis. Divino Creador quiero que rejuvenezcas todo mi sistema celular y que mis células bailen y dancen felices y armonizadas en plena comunión contigo, quiero que todos mis órganos se sanen y también se rejuvenezcan totalmente, que mis células lleven la alegría por todos ellos y que todo mi cuerpo se rejuvenezca hasta tener un cuerpo de veinte años y te lo pido a ti desde mi corazón divino Padre Madre

Creador que esto se haga aquí y ahora para mi bien y el de todos. Cuando sintáis que habéis hecho la conexión pasáis al paso siguiente. Aquí pedís a todo vuestro sistema celular de esta manera. Querido sistema celular os pido desde mi corazón que rejuvenezcáis todos y cada uno de mis telómeros como en el mismo momento de mi nacimiento, aquí sentís y visualizáis el núcleo celular y dentro de este núcleo un puntito de luz más brillante y con esta imagen sentís como vosotros, el bebé que está naciendo, se une la conciencia del bebé a la conciencia del núcleo celular y los telómeros su luz de intenso dorado recorre todo vuestro cuerpo y decís. Queridos telómeros quiero que os rejuvenezcáis como en el momento en yo estaba naciendo y aquí escucháis, sentís en profundidad haber que pasa, no se provoca nada, solamente se va escuchando haber que nos dice el cuerpo, dar tiempo para sentir. Llegados a este punto, habláis con vuestras células Madre y le pedís que modifique genéticamente el ácido ribonucleico de todo vuestro sistema celular, de vuestro sistema neuronal y de vuestro ADN, que todo sea modificado para poder vivir en un cuerpo que se rejuvenece progresivamente hasta la edad de veinte años, un cuerpo que se mantenga joven hasta el momento de vuestra ascensión, con cada paso daremos siempre las gracias. Pedís que abran sus paquetes de luz en vuestros órganos, habláis con ellas. También es importante hablar con los cromosomas para que reparen y rejuvenezcan todos los tejidos de nuestro cuerpo y lo visualizáis y lo sentís, en todo el proceso casi lo más importante es sentir, pedir y visualizar. Recordad, estamos creando una memoria nueva.

Lo más importante sentir todos los pasos, dejar que vuestro cuerpo hable.

Durante el día siempre que nos acordemos vamos a repetir. Cada día estoy más joven, mi cuerpo rejuvenece hasta tener un cuerpo de veinte años, aquí y ahora mismo, cada momento estoy más ágil, estoy más joven, estoy perfecta. A medida que nazca y crezca vuestra creatividad, podéis crear vuestras frases, siempre en el momento presente, yo estoy, yo soy.

Meditación diaria: Conexión con el Creador.

Pedir que rejuvenezca todo nuestro sistema celular, nuestros órganos hasta tener un cuerpo joven de veinte años, todos nuestros órganos se rejuvenecen.

Pedir a nuestras células que rejuvenezcan nuestros telómeros hasta el mismo momento en que hemos nacido, sentir núcleo celular, sentir el bebé, sentir el campo toroideo de luz formando un todo. Estamos formando un todo, nuestros átomos y nuestro cuerpo físico forman un sol radiante magnético.

 Pasamos ahora a la conexión con las células Madre. Pedir desde vuestro corazón que se modifique vuestra genética, ácido ribonucleico, sistema neuronal, cromosomas, sistema del ADN. Visualizar paquetes de luz en vuestros órganos, en aquellos que más necesitéis. A cada momento vamos a estar haciendo pausas y nos dejamos sentir. Más menos, tiempo entre respiraciones y conexión, meditación con el creador treinta minutos. Para ver progresos rápidos creo sinceramente que es imprescindible que los ejercicios los hagáis tres veces al día, yo así lo he practicado durante once meses, prácticamente va hacer un año que empecé y ahora llegada aquí en este momento siento que con dos veces de práctica me llega.

En verdad ha habido un cambio, en la última

semana de enero, en una de mis prácticas cuándo estaba en la unión con los telómeros y sintiendo la conexión con el campo de luz multidimensional vi la imagen del sol y los rayos de este vinieron directos a mi corazón, esta imagen y luz me hicieron entender que a partir de este día haga esta visualización y así lo he hecho y lo estoy haciendo, con lo cual el sentir que soy un sol, que mi columna es un sol, que desde mi corazón salen rayos de luz y que toda yo me convierto en luz, ha dado un giro en todo mi campo de luz, para llegar hasta aquí he necesitado once meses de prácticas respiratorias y conversaciones con mi Creador y con todo mi sistema, siento que este es el premio para todos nosotros. Ahora os vuelvo a decir, vivir todo esto sin expectativas y todo os irá llegando, si queréis provocar algo esa no es la creación, eso es el ego, Jesús decía, dejad que los niños vengan a mí, pues esto es igual a dejad que la magia venga a vosotros y os sorprenda, eso sí, haciendo la labor. Firmeza y constancia, compromiso con vosotros mismos y con la vida. Veréis con qué facilidad sale, después de unas cuantas prácticas ya sale solo, vuestro cuerpo, vuestra alma y espíritu se sentirán maravillados. Sencillamente coged las riendas de vuestra vida y dar a Dios lo que es de Dios. Entrega, responsabilidad para con vosotras mismas, sentir que el tiempo que dedicamos a nosotros redunda en oro, a veces hay que dar cambios y priorizar lo que de verdad merece el gusto de vivir, de practicar, de progresar, cuando de verdad queremos podemos. Todo ser humano tenemos derecho a estar sanos, no hemos nacido para sufrir eso es lo último que quiere para nosotros nuestro Padre Creador y nuestra Madre Cósmica, de nosotros depende la dirección que tomemos, depender de las drogas o buscar dentro de nosotros a nuestro guía, a nuestra sabiduría. Hasta cuando vamos a permitir el dejar nuestra vida en manos de otros. Sencillamente tomar tierra y escuchar nuestro cuerpo, nuestra alma, simplemente no podemos pretender dar cambios si seguimos viviendo de la misma manera, haciendo las mismas cosas, repitiendo el mismo comportamiento y reaccionando como hemos reaccionado hasta ahora. Estos ejercicios te llevarán a encontrarte con tu silencio y sacar para tu mente consciente lo que está guardado en el inconsciente, aparte de limpiar tu campo, revitalizar tus células, limpiar tu estrés, sanar tus órganos, llenarte de vitalidad, de alegría interna, de dicha. En fin que la llave está en vuestra mano, tenéis que ser vosotros los que con vuestra mano queráis abrir el cerrojo a vuestra magia, vuestra sabiduría, vuestra capacidad de sanaros y dejar de ser dependientes de un diagnóstico que la mayoría de las veces es errado y aunque así no fuese todo lo que sea tapar no es sanar. Nos estamos sanando cuando nos hacemos conscientes de que hay un problema y que hay que buscarle solución, igual que a un coche si tapas con una chapuza la avería, estás expuesta que de un día para otro te deje tirada en la carretera y eso es lo menos grave que te pueda suceder, así es el cuerpo si no lo atiendes desde tu corazón, tienes que saber que tarde o pronto llorará en otro órgano, así es hermanos nuestro cuerpo llora y llora hasta que dejamos de ignorarlo y tomamos decisiones, la más sanadora, nuestra dicha interna, respirar, sonreír, escuchar el corazón y mimarnos.

Queridos hermanos, en estos momento ha pasado un año que he comenzado este libro, estos ejercicios.

Durante todo este año he cambiado toda entera, hasta mis facciones han cambiado y ahora llegado a este punto sabía dentro de mi que algo más iba a recibir antes de dar por finalizado el libro.

Veinticinco Capítulo:

Últimos regalos del Creador

Así ha sido, ayer mismo recibí los dos últimos y valiosos regalos, para vosotros y para mí, desde mi Creador. Uno de ellos es que meditemos siempre que podamos con la lengua pegada al paladar, la punta de la lengua justo en el centro del paladar. Esto se puede hacer siempre que podamos y estemos conscientes, estoy segura que los beneficios son múltiples, como tomar más consciencia y liberar ciertos puntos u órganos de estrés en la cabeza, así como también recolocar las facciones de la cara, estar más en el presente, limpiar las toxinas del cuerpo, pues con este acto se activan las glándulas pineal y pituitaria. El segundo regalo lo he recibido cuando estaba meditando, visualizando y hablando con las células Madre, a éstas les estaba pidiendo que modificaran mi genética y de pronto ocurre que me vino a la imagen de mi mente el momento de mi nacimiento y la voz del Creador me decía que cambiase esa imagen por otra que Él en ese momento ya me estaba mostrando. Os cuento que en mi momento de nacer estuve en la muerte, por el corte del cordón, así que como ese momento fue muy traumático y se ve que marcó mucho mi vida, también sé que muchísimos seres han pasado por partos traumáticos, ahora mismo nos llega para todos nosotros esta información tan valiosa. Así que la imagen y el sentimiento que tenía de ese momento se ha transformado por una imagen y un sentimiento de dicha y una acogida llena de paz por parte de mis padres, los dos me abrazaban en un entorno cálido y con mucho amor, en dos días la imagen y el sentimiento son totalmente diferentes a lo que yo tenía, esto es la magia de la vida y la magia que nos transforma desde nuestro Creador, pues así en dos días cambié una imagen, un sentimiento de dolor al amor más puro y más tierno, con una llegada a esta vida totalmente diferente y como veréis estoy enamorada de mi nacimiento dando gracias ilimitadas a mis padres por amarme tanto y al Padre Madre Creador por hacerme sentir tanta dicha en mi corazón, hacia mí y hacia ellos. El amor es como un músculo cuanto más se práctica más ilimitado crece.

Queridos hermanos aquí doy por finalizado este libro deseando desde mi corazón que todos/as los que lo leáis, lo pongáis en práctica y que este contenido os ayude a vivir una vida plena conscientes de todo el potencial que sois. Cuando empecéis lo vais a sentir en todo vuestro ser y como casi todo en la vida, todo es empezar, os deseo la mejor sanación que jamás hayáis podido imaginar.

Así es, hecho está.

NAMASTÉ.

Primer capítulo: presentación,Seres de luz....2
Segundo capítulo: vivir el cielo en la tierra.....3
Tercer capítulo: Bulla mental.....8

Cuarto capítulo: Después de la noche oscura....11
Quinto capítulo: La decisión de vivir en paz...16
Sexto capítulo: El arte de rejuvenecer desde lo innato....20

Séptimo capítulo: El cambio está en nuestras decisiones....23

Octavo capítulo: Creando lo nuevo....30

Noveno capítulo: Unir sabiduría e inocencia...38

Décimo capítulo: Ayudar desde la fuente.....42

Décimo primer capítulo: La Travesía....46

Décimo segundo capítulo: Mensajes de las Estrellas....58

Décimo tercer capítulo: Los Órganos hablan....66

Décimo cuarto capítulo: Valorarnos es amarnos...99

Décimo quinto capítulo: Creador, células, telómeros y M. Ascendidos...114

Décimo sexto capítulo: juicios y miedos...117

Décimo séptimo capítulo: El tercer ojo ve...126

Décimo octavo capítulo: Formas de protección...129

Décimo noveno capítulo: Iluminar...134

Vigésimo capítulo: Soltando estrés... 140

Vigésimo primer capítulo: Sanando la genética...156

Vigésimo segundo capítulo: La importancia de programarnos...164

Vigésimo tercer capítulo: Creador, células y limpieza...169

Vigésimo cuarto capítulo: regalos del Creador...183

Vigésimo quinto capítulo: Sanando el momento de nacer....187.

Contraportada. Querido ser, este no es un libro más que llega a tu vida. Este libro es algo que llevas mucho tiempo esperando tener, son herramientas para sanarte tu mismo/a.

Así que déjate sorprender, déjate sanar, déjate llenarte de pasión, déjate enamorarte de ti misma/o y de la vida. Con cada día de ejercicios, los compartidos en este libro podrás recuperar de nuevo tu vitalidad, tu valor, tu grandeza y la sanación que tanto tiempo llevas esperando. Lo que aquí comparto lo he experimentado durante todo un año, durante el cual mi cuerpo tomó de nuevo el recuerdo de estar sano y así es, lo ha conseguido. Deseo que todos vosotros y vosotras logréis vuestra sanación y mucho más. Gracias infinitas por tal regalo.

Todo llega en el momento perfecto.

NAMASTE¡¡¡¡¡¡¡¡¡¡¡

www.ingramcontent.com/pod-product-compliance
Lightning Source LLC
Chambersburg PA
CBHW071710090426
42738CB00009B/1724